AWEN ANHYGOEL ARWEL

Awen Anhygoel Arwel

Arwel Jones

Golygydd: Lyn Ebenezer
Lluniau: Aneurin Jones

Argraffiad cyntaf: Mawrth 2007

Rhif Llyfr Safonol Rhyngwladol: 1-84527-150-5
978-1-84527-150-5
Mae'r cyhoeddwyr yn cydnabod cefnogaeth ariannol
Cyngor Llyfrau Cymru

Lluniau clawr a'r tu mewn: Aneurin Jones
Cynllun clawr: Sian Parri

Argraffwyd a chyhoeddwyd gan Wasg Carreg Gwalch,
12 Iard yr Orsaf, Llanrwst, Dyffryn Conwy, LL26 OEH.
01492 642031
01492 641502
llyfrau@carreg-gwalch.co.uk

Cyflwynedig i'r holl gymeriadau y cefais y fraint o'u cwrdd ar hyd fy oes ac a ysbrydolodd y caneuon.

Geirfa

Dylid esbonio fod tafodiaith Arwel yn golygu fod ambell air yn swnio'n wahanol. Mae'r llythyren 'ý' mewn mannau yn cael ei hynganu'n fer, gyda 'pýmp' yn cael ei ddefnyddio am pump a 'pýnt' am 'punt'.
Dyma restr o eiriau eraill sydd, hwyrach, ag angen esboniad:

Bywyn (i'r) – i'r byw
Gresh – ired, saim (grease)
Gered – tynnu i ffwrdd
Phaeton – cerbyd ysgafn y tu ôl i geffyl
Siangel – sengl
When – mympwy neu syniad
Whili bwmps – chwilod
Whît – chwisl

Cynnwys

WANTED
Inspector
Cacaicir
OXFAM

Yr Alwedigaeth

Mi glywais ffyrnig lais yn galw arna i,
I ddod o'm breuddwyd o mor bêr, o'r afon Ginis ddu.
Pob un â'i alwedigaeth, meddyliais i yn syn,
Yma'n Tri Deg Un Maesglas, y wraig yw'r bos fan hyn.
'Cer lawr,' medd hi, 'i'r swyddfa canolfan gwaith ar frys,
Chwistrella tan dy gesail, a gwisg dy *Oxfam* grys.'
A wir, roedd swydd ar gynnig, ond lot o blygu lawr,
Trwyn sensitif ro'dd angen i wahaniaethu sawr.
Da'r Undeb Ewropeaidd, rhyw swyddi pwysig geir:
'*Avian faeces analyst* – inspector caca ieir'.
Mi ges i waith ar unwaith, nid wyf yn tynnu coes,
Rown wedi bod yn hwnnw rhan fwyaf o fy oes.
Mae'r dom i fod 'run mesur, heb un gemegol haint,
A bod 'run lliw yn gywir, a phwyso yr un faint.
Os ynddo ceir dom drudw, ji binc neu dderyn du,
Yn union caiff ei wahardd tan *Resolution Three.*
Ac wedyn drwy gompiwter, os gwesgir botwm 'Pŵ'
Fe glywir, os dom ceiliog, sŵn 'Coc-a-dwdl-dŵ'.
Os chwilio wnawn y perchen, fe aiff i gwato'n syth –
Tan domen o ffurflenni, gall guddio 'co am byth.

Anlwc

Y Talwrn sy'n boblogaidd gan deulu Buckingham,
Pa syndod ges wahoddiad ddod lan 'da'r Cwîn a'i mam.
Mae trefnwr angladd pwysig yn byw drws nesa i ni,
A benthyg ges ei drowsus i hôl fy O.B.E.,
O Safil Row yn wreiddiol, ond pedwar seis rhy fach:
Yn llygru oedd fy fforchog, 'mhen ôl yn dynn fel sach.
Wrth blygu mewn cwrteisi, digwyddodd anlwc, do,
A chlywyd rhwyg arswydus yn eco drwy y fro.
I'r golwg daeth fy *Long Johns* o wlân Llanwenog bell,
Ac fel y Cwîn ei hunan, fe welsant ddyddiau gwell.
Ond chwarae teg i Leisa, 'Cer miwn i'r tŷ,' medd hi,
'Mae Mami yn y *drawing* room, cywirith nhw i ti.'
Medd honno, 'Tynn e' gered, 'sdim ise bod yn shei.'
Ces fenthyg britchis polo, ar ôl Mountbatten gwlei;
'Rwyf mor embaras,' dwedais, 'beth allaf wir ei ddweud?'
'Rwy'n falch,' medd y Cwîn Mother 'gael rhywbeth bach i'w wneud.'
Ar ôl dibennu, dwedodd, *'I noticed just by chance,*
The gusset's also parted yng nghydiad coesau'r pans.
Tyn hwnnw gered,' meddai, 'a pas y fasged wlân,
Does gen ti ddim i'w ddangos na welais i o'r bla'n.'
Os gwelwch drefnwr angladd a herc fach yn ei goes,
Y seffti-pins 'neu fforchog sy'n pery poen a loes.

Ar Gyfeiliorn

Roedd Daffo'n godwr canu, fu'n rhodio'r llwybr cul,
Ond Jiw! aeth ar gyfeiliorn ar drip yr Ysgol Sul.
Mynd wnaethant i Langollen i glywed corau'r byd,
Ac ar ôl cyrraedd yno, i gaffi awd am bryd.
Fan hyn aeth pethau'n chwithig, cans gorlawn oedd y tŷ,
Gorfodwyd Daff i eistedd yn glòs at ddynes ddu.
Yr oedd yn cael ei wasgu, roedd rhaid i rywbeth gwrdd:
Do, cyffwrdd a wnaeth pethau, sdim dowt o dan y bwrdd.
Fe aeth ar goll whap wedyn, dim pip 'rôl chwilio ta'r,
A phocran pob ysgubor, shed wair a chwtsh dan stâr.
Am adref awd o'r diwedd, dim sôn oedd am y dyn,
Bys Crosfil ffiffti sîter, nawr ffiffti namyn un.
Ond ymhen pedair blynedd, rhyw llythyr gawd wrth Daff,
Un êrmel glas o'r Affrig a stamp â llun jiraff.
A ffoto oedd o'm harwr heb ei grys gwlân na choms
Mewn sgert fach wellt yn dawnsio i guriad y tom-toms.
Bananas nawr mae'n fwyta, a chwilod whili bwmps,
A'i bedair gwraig fawr fronnog – byth mwy fydd lawr y dwmps.
Nawr draw draw yn y Congo, lle mae'r negro yn byw,
Ma' 'na blant bach melynion, ac mae'r heniaith yno'n fyw.

Achos Da

Roedd cruglwyth mawr o domen a'i sawr ym mhen draw'r clos,
O achos da yn domi yn ddyfal ddydd a nos.
Mi es â llwyth i arddwr, i wasgar ar ei dir,
A llenwi wnes fy nhreiler, 'n ormodol, dweud y gwir.
Roedd gyrwyr ceir wrth basio, yn fy adnabod, sbo,
A chodi wnaent eu bysedd – dim un, ond dau ar tro.
Rhyw fws o Ffrainc aeth heibio, yn llawn o nyns bach mwyn,
Yn gwneud rhyw ddefod sanctaidd drwy wasgu blân eu trwyn.
Fy nghlytsh ddechreuodd slipo, cynyddu wnaeth fy spîd,
Ger pont, y llwyth ddiwelodd ar hyd y ffordd i gyd.
Roedd Rolls Royce gwyn yn canlyn yn cludo'r Dug a'r Cwîn,
I agor y Cynulliad am chwarter wedi un.
Y Dug ddywedodd, wrthyf, *'You've blocked the bloody bridge.'*
'Tyrd mas o'r Rolls,' dywedais, 'ac yn y fforch 'na cidj.'
'Don't sit there,' medde hithe, *'Go out and help the man.'*
Daeth hwnnw mas llawn gwenwn, gan dorchi'i lewys lan.
Mewn traffic jam difrifol, medd Leisa, *'Let them hoot.*
'I'm sure Mum would like some. Rhowch fforched yn y bŵt.'
'That's not enough,' dywedais, *'I'll get some plastic sacks,'*
('Nghydwybod oedd yn poeni, ynglŷn â'r *income tax.*)
A bant â nhw'n gysurus heb unrhyw deimlad cas,
Yn swyn a hud a rhamant tan gwmwl cilion glas.

you're blocked
the bloody bridge man

Argyfwng Mwya'r Ganrif

Enillais i mewn raffl *An aerial trip for two,*
Yr oedd yn brofiad bywyd, mae'n debyg medden nhw.
A mynnu wnes ddau basport; ces ffwdan, peidiwch sôn
Perswadio Anti Jini, a honno'n ddeunaw stôn.
Mewn sêl mi brynodd hithau ficini polca dot,
Un arall ychwanegodd – roedd ganddi i guddio . . . lot!
Wir, lan i Aberaeron i gael y wobr awd,
Tu fa's i'r *aerial ferry* ond siomedigaeth gawd:
Dim eroplên i'w gweled, ond rhyw hen elor hir,
Yn dirwyn uwch yr harbwr gan foi â golwg sur.
Ond bant â ni 'da'r cerbyd, yn hongian yn yr a'r,
Nes torri wnaeth yr handl, a doedd dim un yn sbâr.
Y teid ddaeth fewn yn araf – ac wedyn fe aeth ma's.
Fy mhledren nawr bron bosto, rhwng dŵr ac awyr las.
Islaw roedd *water toilet* naturiol mawr heb do,
Yn estyn oedd o'r fangre i'r *Gulf of Mexicô.*
Defnyddio hwn ni allwn heb ymddwyn yn amheus,
Ni fyddai gweithred felly'n cael ei 'styried yn beth neis.
Argyfwng mwya'r ganrif, yn siŵr y bu i ni
Ddod 'nôl mewn gwarth a miri mewn bwced *J.C.B.*

Ar ôl gweld arwydd
'For Sale, Fred Rees, Auctioneer'

Ces freuddwyd rhyfedd neithiwr. Mewn car mi es am reid.
Arwyddion amlwg welais – 'I'r ocsiwn' 'ront yn dweud.
Ac ar yr arwydd diwethaf mewn bras lythrennau coch
'Ar werth – Fred Rees' oedd arni, y sêl am ddau o'r gloch.
Efallai wir, meddyliais – caf fargen fach go snip,
A chan ei bod yn amser, bron, es lawr yn wir 'gael pip.
I bawb i gael ei weled, ar stondin safai dyn
Ar werth, fel dwedai'r arwydd, ro'dd 'rhen Fred Rees ei hun.
Y dorf yn mynd o'i amgylch, ac ambell un rôi bwt,
Ymyrryd â'i bengliniau, a rhai'n archwilio'i gwt.
Er dangos ei gredenshals fe'i rhedwyd 'nôl a mlân,
Fe gododd un ei wefus gael gweld ei ddannedd blân.
Gofynnodd un am brofion yn ymwneud â'i bedigrî –
Yn dod yr oedd o linach marchogion Cymru fu.
Ond dymchwel wnaeth y stondin, fe gwympodd lawr o'r top
A'r morthwyl yn anffodus ddisgynnodd ar ei glop.
'Na ddiwedd ar yr ocsiwn – a diwedd Fred, wir Dduw –
O'r ddaear hon esgynnodd i fyd sydd well i fyw.
Tu ôl i'r mart fe'i claddwyd i orwedd nawr mewn hedd –
'Rhen Ffredi *killed in auction* fydd ar ei garreg fedd.

Yr Archfarchnad

Hynafol, wir, yw hanes archfarchnad, gyda pharch,
Can's ble chi'n meddwl canfu 'rhen Noah goed i'w arch?
Bid siŵr, mewn rhyw archfarchnad, rhoi lawr ar gownt ffor' ma's,
Tan *Ark Account* fe seinie ar waelod llechen las.
Meicalod Ffish oedd hefyd yng Nghana 'slawer dydd,
Do'dd Noah ddim yn credu; fel minnau, collodd ffydd.
Dim cardiau *Dulux* pryd 'ny, dim teli na dim gwe,
Ond bwa'r arch fe godwyd a'i lliwiau yn y ne'.
Nid oedd un troli i'w gweled yn gwibio yn ein mysg,
Di-wilsen, gwelsech fenwod yn dragio cart bach llusg.
Yn lle sŵn corn cerbydau yn y maes parcio gynt,
Cerddorfa'r mul a'r camel a'u hofferynnau gwynt.
Ac wrth y drws rhai menwod â'u fflags am ryw apêl,
'Gael anferth o dinop'ner gael Jonah ma's o'r whêl,
Neu gasglu i gael parashŵt â thipyn bach o seis,
I'w estyn lan 'da'r polyn i achub rhyw Zacheus.
Fel blodyn y glaswelltyn, ein dyddiau ddaw i ben,
A 'nôl fe awn i'r ddaear i'r gro mewn bocs bach pren.
Ond fel mae pethau'n myned, yn wir, ddywedwn i,
Ceir rhain mwy mewn archfarchnad, â blwydd o garantî.

Yr Anffawd

Tan bont yn Llanybydder, hedfanodd rhain ar ffo
Mae set o ddannedd gosod yn gorwedd yn y gro.
Canlyniad i hen anffawd, 'rôl yfed *Brains S.A.*
A wedyn dwy hambyrger oedd yn casáu eu lle.
Lawr fan'ny maent yn eistedd yn eu gogoniant gwyn
'Nôl sildod a llyswennod i'w pigo'n lân fel pin.
Tros wal y bont fe aethont, maent nawr yn wedi went
Yn gorwe' yn y dyfnder mewn dŵr heb *Steradent.*
Fe'u clywir eto falle, o'r dafarn gynt a'u stŵr
Fel clychau Cantre'r Gwaelod yn clecian tan y dŵr.
Wrth fwyta nawr mae'r perchen, yn ddiflas a di-wên,
Ei geg fel pen-ôl ffowlyn, a'i drwyn bron cwrdd a'i ên.
Cânt eu darganfod 'falle cyn diwedd yr oes hon
Mewn pen oedrannus dwrgi yn cretsian pysg yn llon.
Fel y set chi'n gwisgo heno ar ôl eich taid neu'ch nain
Yn y dyfodol agos yn werthfawr fyddai rhain.
Ffarwél i'r mart geffylau, y *Brains* a'r Ginis du
Whap iawn fydd rhain da'r sgadan yn Gwbert ger y lli.

Barbeciw Drws Nesa

(Y gân a sensrwyd am ei hilyddiaeth
gan gynhyrchydd 'Talwrn y Beirdd' . . .)

Brodorion o Fotswana sy'n byw drws nesa i ni,
Y gŵr, tair gwraig, tri bapa, dwy gath a hen-famgu.
Yr haul maent yn addoli, a phob tro bydd eclips,
Yn dawnsio maent wrth foli, a glaswellt rownd eu hips.
Rhyw farbeciw dansieris a gawsom ni un nos
Llond gardd o ffysiwysis, pob un heb grys na drôs.
Yn dawnsio ro'nt yn swnllyd, o amgylch crochan mawr,
Eitemau rhyfedd sbiwyd yn corco lan a lawr.
Yr oedd fy nhad-yng-nghyfreth yn aros gyda ni:
Roedd fod bregethu trannoeth lan ym Mynachlog-ddu.
Aeth mâs am wâc 'rôl swper – cael ysbrydoliaeth, gwlei –
Yn ei goler rownd fel arfer mewn siwt o siarcol grey.
'Rôl hanner nos fynd heibio, dim sôn oedd am y dyn,
Ond sŵn y drwm yn dyrnu yn cadw pawb ar ddihun.
Mae sôn bo'r Affricanwr, os yn y mis bydd 'R'
Yn bwyta pob cenhadwr a halltu'r cig sy'n sbâr.
Un twff fydd 'nhad-yng-nghyfreth, heb oni bai nac os,
Os bydd mor sych â'i bregeth, bydd angen HP sos.
Trwy dwll mewn clawdd o'r diwedd, fe ddaeth tua marce tri –
Nid oedd dim hawl ei ferwi dan riwls yr E.E.C.

Branwen a Bendigeidfran

Bu Branwen mewn argyfwng – cael trwbwl gyda'r gŵr,
Ni wyddai neb ei thynged yng Nghymru fach, bid siŵr.
Darganfod wnaeth hen ddrudw' â'r ddawn i draethu'n ffraeth,
A'i ddanfon tros y weilgi at Bendigeidfran wnaeth.
'Rhen dderyn a ddisgynnodd yn ymyl clust y cawr,
Ac adrodd wnaeth ei stori am y drychineb fawr:
'Bejesys oi have travelled across the Oirish sea
Poor Branwen she is sofferin . . Begorrah set her free!'
A bracso wnaeth ar unwaith i Erin heb ddim stop,
Cerddorfa ar ei gefen, a welingtons o'r Co-op.
Dihangodd y Gwyddelod, tu hwnt i'r Shannon ddofn,
Ac yno'n ôl eu hanian, distrywio'r bont rhag ofn.
Gorweddodd Bendigeidfran yn union yn y fan,
A'r cwestiwn mawr sy'n codi, ai 'i fol neu'i din oedd lan?
Os oedd ei gefn i fyny, yr oedd 'na fryniau mawr,
Mor dal â Chader Idris ar gefen yr hen gawr.
Sut fentrai'r milwyr esgyn i'r copa fry yn saff,
Heb gymorth helicopter, heb grampon nag un rhaff?
Meddyliwch am y peryg, a drycin yn crynhoi,
A storom Awst yn macsu 'ngwaelodion yr hen foi.
Os ar ei gefn gorweddai, technegau eraill nawr –
Nid mod i'n genfigennus, ond ro'dd 'na rwystrau mawr.
Y fintai nawr wahanai i'r aswy ac i'r dde,
Gan adael y man canol yn sanctaidd iddo fe.
Er ennill yr Iwerddon, y ddaear werdd a'r nen,
Fel sawl pŵr byger arall, fe gollodd yntau'i ben.

Buddugoliaeth

Fy noli rwber Ffw-Ffw – chwe mis o garanti,
Ond dim ond ar ôl pedwar yn colli gwynt oedd hi.
Meddyliais ar y dechrau mai arnaf i oedd bai,
Ei gruddiau nawr yn pylu a'i dwyfron yn culhau.
Bob bore gwnawn ei chuddio 'mherfeddion cwtsh tan stâr
Nes iddi yn y diwedd ddod i mi'n fwy fel chwâr.
O Dunlop cefais gyngor gan y gofalwr stôr
Bo'r ddoli yn *self sealing – pump very hard once more'*.
I ble aeth fy anwylyd? Diflannodd ar ei hynt
Yn *jet-propelled* drwy'r ffenest mewn taran fowr o wynt.
Am hydoedd bûm yn chwilio drwy'r plwy yn fy nhei ddu,
Llawn ing yr oedd fy nghalon a hithau ar H.P.
'Nôl gwrthod talu rhagor, bwmbeili ddaeth i'm gweld
I hawlio fy nheledu heb sôn am lestri'r seld.
Ces air gan Mr Dunlop a bygwth wnes y dyn
Wrth glywed yr holl ffrwgwd, ei wraig ddaeth ar y sîn.
'Rwy mas o stoc,' medd yntau – yn lle rhoi arian nôl,
Y wraig mi gei di fenthyg os drychi ar ei hôl.'
O'r diwedd buddugoliaeth – ces ddynes dda â swmp;
Nawr, fel Trefin a'r felin, yn segur mae y pwmp.

Y Briodas

Ni ches i ddim gwahoddiad i briodas Wayne a Fflo,
Yr haearn smwddio brynais fe ddaw yn handi 'to.
Ar fore y briodas, clip-clop a glywais i
Yn tynnu ar ryw *phaeton* roedd wampyn o farch du.
Ac aros wnaeth am ennyd, meddyliais – 'Beth yw'r gêm? –
Pan ar y ffordd fe sylwais rhyw gruglwyth mawr llawn stêm.
Y wraig wnaeth mofyn bwced i gasglu dom y march:
'Gad iddo oeri,' dwedais, 'gael dangos 'm bach o barch.'
Yr Iôr nid yw'n anghofio Ei gyfiawn lwch y llawr
A chofio wnaeth amdanaf fel codwr canu mawr.
Dwy ddynes arall welwyd yn rhedeg o'r fan draw
'Nymgiprys am y manna, 'da'n bwced, brwsh a rhaw
'Heblaw,' dywedais wrthynt, 'myfi yw Wncwl Wayne –
Mae naw deg y cant o'r ddomen un ochr i 'r wheit lein.
Ond fel haelionus Gristion yn rhodio'r llwybyr cul
Fe gewch chi bobi rofied os dewch i'r cwrdd dydd Sul.'
Dychwelyd wnaeth y *phaeton* yn gynnar amser te,
A'r march fu wrthi eto yn gywir yn 'run lle.
Tro hwn ni chaeth 'nghymdogion, 'rhen Lisi Maud a Nel
Bipo tu nôl i'r cyrtens yn sŵn y gwynt a'r smel.
Mae gennyf nawr gnwd riwbob a pwmpen fawr o fri
'Rol i bedair pedol arian fynd heibio ein tŷ ni.

Y Celwydd

Yr oedd 'na ddwy ddafaden yn ffynnu ar fy nghlust;
Bu'r rhain bron peri damwain â chanlyniadau trist.
Boi'r ambiwlans a alwodd, gan ddweud, 'Dewch gyda fi.
Mae gwely yn Glangwili yn barod nawr i chi.'
Daeth nyrs y bore trannoeth, ac at fy ngwely dôth,
Rhoes gerdyn ar y fframin yn dweud *Remove them both.*
Ro'dd 'co fanylion pellach, mwy addas wir i hwrdd –
Sôn am ryw offer llosgi, neu rewi'r pâr i ffwrdd.
Fy eillio ges lawr isod, yn boenus, do myn diawch,
Heb sebon na dim wablin â raser â dim awch.
Daeth syrjon â'i brognosis, medd, '*Goodness gracious me!*
Must be the will of Allah – an awful traged-y.'
Daeth fy ngweinidog wedyn, gan ddweud yn eitha syn,
'Salm gyntaf ddaw i'm meddwl ar yr achlysur hyn:
Ar lan afonydd dyfroedd, sdim dowt, ma' dyn yn byw,
Ei ffrwyth a rydd 'n y diwedd, a'r bywiol bren a wyw.'
Yn wyllt daeth clerc o'r swyddfa mewn pryd â'i gelwydd glân:
'Rhyw ddamwain â'r compiwters!' Wrth gwrs, yr un hen gân.
Â'm llaw ym mhoced trowsus es adre 'da bws saith,
Yn canmol fy mendithion, a'u cyfrif lawer gwaith.

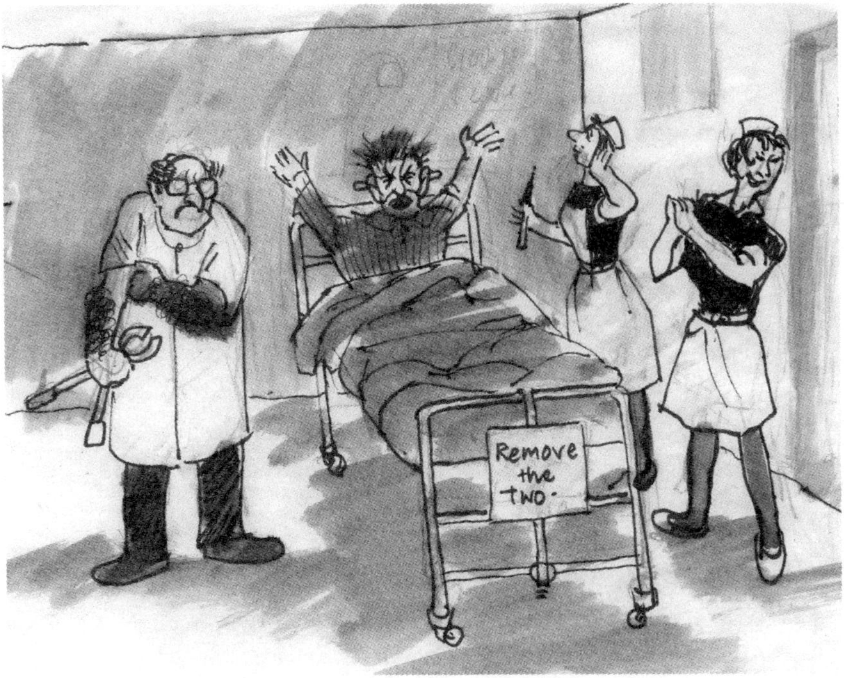
Remove
the
TWO.

Y Cymdogion Newydd

Dihuno wnes un noson, sŵn miwsig, bwmp, bwmp, bwmp,
Rown wedi gweld yr arwydd, *'Now Elvis lives in Plwmp'*.
Fan hynny ro'dd yn gwingo, tindroi o'r chwith i'r dde,
'Uh, huh, ah loves ya baby' a dwy neu dair *'Ye, ye'*.
'Myfi,' ddywedais wrtho, 'yw Arwel Tan-y-groes.'
'Gee-whizz,' medd ef, *'you're kidding*, yn tynnu rwyt fy nghoes.'
Medd ef, 'Ble cest ti'r dalent, y clod a'r mawl a'r bri,
O fewn eich tîm talentog a oes 'na le i fi?'
Dywedais, 'Gallwn styried i gico Oernant mas
A rhoi i ti hyfforddiant yng Ngholeg Beirdd Maesglas.'
Roedd wedi gwerthu Graceland gan symud lawr i'r fro
I stydio y gynghanedd a llyfrau Jon M.O.
O fewn *Y Gambo* gwelodd fod yna le *For Sale*,
Tyndomen-fach ger Sarnau, a buan daeth yn ddêl.
Wrth stydio ei 'bot' blodyn yn *lonesome* ar y sgiw,
Ailenwi wnaeth ei dyddyn yn *Marijuana View*.
Cei fynd ar stalwyn Shetland 'da Ifor ar y bŵs,
'And all shook up' i Gilfach mewn pâr o *'Blue Suede Shoes'*.
Ond cadw di Priscilla ymhell wrth foi y gân,
Gŵyr pawb fod beirdd Llangrannog â'u boliau'n llawn o dân.
'The wonder of you' cydganwn gan ysgwyd braich a ffon
Wrth ddychwel nôl o Meifod â'r tlws i Westy John.

Camddealltwriaeth

Ces lythyr o'r ysbyty i fod yno erbyn naw;
Rwy'n gweithio efo'r cownsil – ro'wn i wedi strêno'n llaw.
Wrth chwilio am le i barcio mi ddreifes rownd a rownd,
Beth yw yr holl gerbydau? – 'ma lot o achwyn, sownd.
Rhyw enwau rhyfedd welais o flaen moduron posh,
Y doctor Gôr a Gandi, Lymwmba, Ling a Gosh.
Roedd enw yn un gwagle rhwng rhes o Rovers cain,
'A. Jones' a welais yno a, 'Mr' oedd o'i flaen.
Sut wyddai'r awdurdodau yn wir fy mod i'n dod?
Mae parch i fforman cownsil, fel dylse wir i fod.
Wrth gau fy nrws daeth dynes, gofynnodd hon i mi,
'Ga'i, Mr Jones, eich cyngor? Mi dala i y ffi'.
Gofynnes, 'Beth yw'r trwbwl? Rwy'n gweithio wrth yr awr,
Os dŵr neu ddreins neu siwrej, cewch ateb yma nawr.'
''Rhen wynt,' medd hi, 'sy'n 'mlino, bob dydd mae'n boenus iawn –
Dydd Sul mae cyrddau chwarter, y bore a'r prynhawn . . . '
Beth allwn ond dywedyd fel boi â meddwl glân:
'Pan glywch chi sŵn yr organ, ymunwch yn y gân!'

Y Carnifal

Â'r Carnifal mynd heibio, edrychai pawb yn syn,
Beth ddiawl mae Puw Prudential yn gwneud mewn dull fel hyn?
A beth mae'n 'gynrychioli yn droednoeth ar y tar?
Nid oes dim byd amdano, ond carthen ar ei war.
Dros ysgwydd mae yn pipo drwy sbectol rownd fel nain,
Â'i ben fel Aran Peilot a'i goesau brongoch main.
Mewn pinstreip siwt fe'i gwelwyd, yn gynnar y prynhawn,
'Da gwraig y ffeirad galwodd – (mae hon yn nwydus iawn).
Pan welwyd gwas yr Arglwydd yn mynd drwy ddrws y ffrynt,
Trwy'r cefn fe giliodd Satan 'noethlymun, betiai bŷnt.
A chan bo'r gwynt yn chwythu a'i bod hi'n ddwyrnod ffein,
Wrth ffoi fe gipiodd flanced hongianai ar y lein.
Nawr dan y blanced *cover*, sdim dowt cadd syniad wych,
Fe basie'n siŵr fel Ghandhi er bod ei glôg yn wlych.
Yn gudd yr oedd ei bremiwms tan 'cover note' go faith,
Nid am fod ganddo lawer o arddangosfa chwaith.
Ond pwy oedd ar y panel, ond gŵr y goler gron,
A waeddodd yn gyhoeddus – 'Fi pia'r flanced hon!'
Os colli a wnaeth Ghandi, mor slic ei bilyn hardd,
Cadd eto wobr gyntaf, fel Adda yn yr ardd.

Y Camgymeriad

R'odd haerllug fam-yng-nghyfraith yn aros gyda ni.
Sut allwn gael ei gwared? 'Na'r broblem oedd gen i.
Rhagluniaeth ddaeth i'r adwy – diflannu wnaeth mewn winc,
Heb sŵn ond brain yn crawcian, a thwtian y ji-binc.
Pip dwetha gawd ohoni, yn chwyrnu roedd fan hyn
Mewn rhacsen o hen ddec-tsiêr ger sachau wrth y bin.
'Run sach oedd nawr i'w gweled, a'r bin wedi'i wacáu,
Os cludwyd hi 'da'r sbwriel, doedd arna i ddim bai.
Angylion *oilskins* melyn a'i cludodd yn eu hers:
Yn llygaid y goleuni, aeth bant 'da'r jibidêrs.
Y plant yn awr yn wben, gofidio ble'r oedd hi,
Ac un yn fy nghyhuddo, 'Beth wnest ti â Mamgu?'
A draw â ni i'r depo, pym munud wedi pýmp,
Y gweithwyr nawr yn gadael drwy iet y rybbish dymp.
Fy ngwraig medd wrth y fforman, '*My* Saesneg *is not good.*
There's been a camgymeriad, a *bent misunderstood.*
My mam *she has* diflannid, *when yewer bois was there,*
My Woman's Own, *a mother,* heb sôn am y dec-tsiêr.'
'Mae'r *crusher,*' medd un gweithiwr, 'ar stop ers marce tri.'
Pan gyrhaeddodd hwnnw'i thafod, sdim syndod gennyf i.
Rhwng haenen cwde Tesco, llawn cleisie, daeth i glawr,
Ai llawenhau neu ochain? Ddyweda'i ddim yn awr.

Camgymeriad Ffodus

Yn gaeth yr own mewn wardrob, a'r drws oedd wedi cau
Yn crynu nawr fel deilen, a minnau yn ddi-fai.
Yr hipi fowr drws nesa, yn mofyn help ro'dd hi:
Dyn cryf 'roedd hi ei eisiau i ysgwyd gwelu plu.
A minnau yno'n brysur frwdfrydig a llawn chwys,
Y gŵr ddaeth adre'n feddw 'rôl bod ar goll ers mis.
Dim ond'i gwneud hi 'nes i, dim amser o'dd yn sbâr,
Sŵn troedio nawr yn nesu yn dwad lan y stâr.
A fan'ny'n smel amhersawr, efallai chwain a lluwch
Yn dywyll fel y fagddu, mor ddu â bola buwch.
Beth wnawn i ladd yr amser? Hwn oedd y cwestiwn nawr –
Ai cyfansoddi pryddest neu falle emyn mawr?
Fel: 'Draw Draw yn y wardrob yn syth sefyll lan
Mewn tywyllwch, mewn arswyd 'rwy'n byw
Dim ond blewynach a bîds ymhob man,
Wir cymer drugaredd, o Dduw.'
Pan glywais lais yr hipi yn sôn am rhyw hen gig
I'll change my clothes,' medd yntau *'to a more decent rig.'*
Ac yna yn ei fedd-dod fe swmpodd trostai gyd
'Rwyf wedi newid,' meddai – er cofio, doedd ddim byd
Ond camgymeriad ffodus, er 'rwyf yn cadw lot
Mewn cof y smel a erys o gamphor bôls a pot.

Camgymeriad Difrifol

Ar fore d'wetha'r 'Steddfod, wrth rodio rhwng y tents,
Es mewn trwy gamgymeriad i'r Ledis yn lle'r Gents,
Gan feddwl wrth fy hunan, tawelwch yma sydd,
Lle gallaf gwpla falle, yr englyn am y dydd.
Mi ges ryw seithfed synnwyr bod trwbwl mawr mewn stôr,
Pan wyntais awel beraidd, sef *Chanel No. 4*.
Ar waelod y partishwns, roedd tipyn bach o gap,
Datblygodd pethau wedyn i annibendod whap.
Sŵn traed ddaeth fewn drws nesaf, a chlic fach sionc ei thinc,
Pan sylwais i lawr isod hei hîls a blwmers pinc.
Pwy yw'r creadur rhyfedd tu draw i wal y lŵ?
Ai dyn mewn dillad dynes, neu bosib un o nhw?
Fan draw roedd sŵn diodde a seiniau bach sidêt
Pan wnaeth y geiniog gwympo, roedd bellach yn tŵ lêt.
Ceir hêlo wen uwch seintiau am wneud gweithredoedd ffôl,
Ces i ond cylch mawr poenus, un coch rownd fy 'mhen ôl.
Trois at yr Iôr am gymorth: 'Wir, gad im esgyn fry,
Y mae yn awr yn nosi, O gwrando ar fy nghri.'
Gee Walker a'r brawd Slater a'u craen ddaeth, ar fy llw,
I glirio'r seit ar unwaith, y fi a'r Portalŵ.

Camgymeriad Arall

'As seen on Yellow Pages' tan *'Shire Horse and Cobs'*
Myfi yw'r Jones the Farrier sy'n medru *'Other jobs'*.
Ces alwad ffôn un noswaith, 'Mae'ch eisiau yma'n gloi!'
Gan ffermwr – rhyw ddieithryn – llawn gofid oedd y boi:
'Rhyw drwbwl genedigaeth, y mae'r hen Bess ar lawr
A'i thafod mas, mae'n chwysu a diodde pwle mawr.'
Hen fferm fynyddig oedd hi yn herio'r gwynt a'r glaw,
Lan llofft ro'dd golau melyn i'w weled o fan draw.
Daeth bachgen bach i 'nghyfarch, agorodd fwlch y clos
Medd: 'Ifan bach yw f'enw – a'i ti yw Doctol Jôs?'
'Rwy'n moen,' ddywedais inne, 'bwceded poeth o ddŵr,
Bar coch o sebon *Lifebuoy* a rhaff, gael gwneud yn siŵr.
A bêl o wellt heb ysgall a hwnnw'n sych a chras
I daenu tan meledi pan ddaw yr ebol mas.'
Cyfeiriais am y stabal drwy'r mwd a'r cesair gwyn –
O lofft y tŷ daeth bloeddiad – 'Ma Bessi lan fan hyn.'
Medd honno yn ei phoenau, 'Mae'n bryd gwneud rhywbeth, bois.'
'Pitsh miwn,' y gŵr ddywedodd, 'Mae nawr yn *Hosbson's choice.'*
Y baban a ddaeth allan, a slap rhoes ar ei din,
Dechreuodd hwnnw sgrechian, llwyddiannus fûm ta p'un.
'Wel, selfo'n leit,' medd Ifan, 'fe wnest ti'n ddigon da –
Pwy fisnes oedd da'l bygel bach i saco lan ffol 'na?'

Clebran

Mae Mari fowr yn disgwyl, a hithau'n ddeugain oed,
Heb sôn ei bod hi'n caru, rwy'n siŵr, gan neb erioed.
Bu'n ceisio tewi'r clebran, a bron â llwyddo, do –
Ond does dim twyllo menwod pan fod y fuwch mewn llo.
Fe aeth ymbiti'i busnes, trwy gymorth gwast a bra,
Yn stretsio'r stîl ar lastig i'r eitha drwy yr ha'.
Mewn *Ante Natal Clinic,* un p'nawn fe sbiwyd hi
Gan Lisi Post fusneslyd am chwarter wedi tri.
Pum munud wedi pedwar, roedd sisial megis ddo',
Yn awr fel sŵn tarane yn eco drwy y fro.
'Chi'n cofio cyn Nadolig, hen *advert* yn llawn secs,
Pythefnos tsiep yn Rhufain, *page three* y teletecs.'
'Sdim dowt taw fan 'na aeth hi, efallai mai'r *last hope,*
Bu'n bragian 'rôl dod adre'i bod wedi gweld y *Pope.*
Pwy enwad fydd y plentyn, os hwnnw fydd ei gŵr?
Dim Mormon na Bedyddiwr, mae hynny'n hollol siŵr.
Dyrchafiad a gaiff Mari o'i Robin bach *three wheel*
I eistedd mewn gogoniant 'da'r Pab mewn *Popemobile.*

Colli Pwysau

Pan dorrodd sêt y mini, a'r ffolen ar y llawr
Fe benderfynodd Besi gwna'i golli pwysau mawr.
Fe safie ar y petrol, fe safie ar y sbrings,
Fe safie ar y teiars, yr oil a'r piston rings.
Edrychai 'nôl ar fywyd o siocoled a chacs,
Pob pilyn newydd brynai yn mynd yn yfflon racs.
Cerbydau yn riferso, cywilydd – peidiwch sôn –
'Rôl cwrdd â'r rhain wrth gerdded ar ambell unig lôn.
Fe neidiodd i bwll nofio y llynedd yn Sowthend,
Bu enfawr don bron boddi plant bach y *shallow end.*
Ac wedyn dyna'i gered am naw un bore Sul,
Fe aeth ar y *crash* deiet a'i lym reolau cul.
Galanast fu cyn dechrau wrth bwyso ar y sgêl,
Y sbrings gawd ym Mydroilyn, a'r pin yn Ebw Fêl!
Ond daliodd ati'n gadarn am bron iawn flwyddyn gron,
A heddiw mae fel whipet yn ysgafn droed a llon.
Fel tent ers tro, yn llipa mae gŵn nos Besi ni,
A'n unig yn ei gwmni mae bra cyp dwbwl 'D',
A'r gwast fu yn dioddef, a'i lastig nawr yn llac,
A'i ribs o stîl pob siape, ag ambell seriws grac.
Dim eisiau'r rhain fydd rhagor i wasgu cnawd a chro'n:
'Chi'n gweld, fe gollodd Besi man lleiaf deuddeg stôn.
Pan yn y bath whap wedyn, fe waeddodd ar ei gŵr,
'Der' lan i olchi 'nghefen, cyn oeri wnaiff y dŵr.'
Pan welodd Dai ryw fotwm yng nghyffinie ei phen ôl,
Medd hi, 'Fy mogel ydyw, mae'r croen heb setlo 'nôl!'

'Canfaso'

Y byngalo fe brynais, fe ges fy nala, do –
'Nôl ffasiwn fodern heddiw, fflat rŵff oedd ar y to.
Un noson oer aeafol a'r gwynt yn oer ei ru
Cysurus rown yn cysgu yn glyd mewn gwely plu.
Tua dau o'r gloch y bore, dihunais gyda bwmp
Y to fe gododd gered a glaniodd ar sgwâr Plwmp.
A'r dŵr ddaeth lawr drwy'r silin a'r gwynt a'i ffyrnig ru
A'r cwrcath yn chwistrellu yn erbyn y setî.
Trwy lwc ro'dd lori Mansel yn parcio mewn *lay by*
A benthyg wnes darpowlin a chilio wnes yn glou.
I achub peth o'r dodrefn, y sterio a'r T.V.
Ar frys ro'dd raid CANFASO'R fflat rŵff ar ben y tŷ.

Cytgan:
Fflat rŵff ar ben y tŷ, fflat rŵff ar ben y tŷ
O, diolch i ti Mansel, am dy haelioni di.

Cymydog

Mae boi o'r enw Dafydd yn byw drws nesa' i ni,
Rhyw dacsidermist smala sy'n byw da'i hen Famgu.
Efe sy'n codi'i phension pob wythnos, medden nhw,
Serch gwelodd neb 'rhen wreigan ers 1972.
Rwy'n gofyn sut y ma hi, a'r ateb gaf mewn jiff:
'Dyw hi'n bwyta dim o gwbwl, a dala'n ddigon stiff.'
Un bore braf fe alwodd rhyw fois DHSS,
A bwriad yr ymweliad? Ro'dd gennyf fi gwd ges.
Yn cnocio'r drws fe'i gwelwyd yn haerllug a di-wardd,
A chilio fe wnaeth Defi i shed ar dop yr ardd.
Yn sŵn y cŵn yn cyfarth a chrawcian croch y brain,
Wir, mas o'r shed ddae'th yntau ac ar ei gefn ro'dd nain.
Gosododd hi mewn dectsher a dynnodd mas o'i stor,
A brwsiodd hi yn hastus gael gwared y cwyr côr.
Whap iawn daeth y swyddogion mewn tipyn bach o frys,
Yn stablan tros y cennin, y cidnabêns a'r pys.
Now where is the old lady?' gofynnodd un hen Sais.
'Na hi man 'co,' medd Defi. 'Mae wedi colli llais.'
'Cewch help,' medd un hen swyddog, 'efallai 'chynnal hi –
Fel *Rentokil* a halen a brwsh a *DDT.'*

Y Canmlwyddiant

Canmlwyddiant genedigaeth cenhadwr mawr o fri,
Fu bron â cholli'i fywyd yng ngwlad y negro du.
Brodorion treib o'r Congo a'r pwyllgor 'n anghytûn,
Ai berwi ynte rhostio 'rhen Foses Jones o Lŷn?
Y Parch ro'dd 'mla'n mewn oedran, ond eto'n weddol dew;
Fe rostie yn rhagorol – do'dd ganddo fawr o flew.
Ond gan ei fod 'n oedrannus, medd rhai, efallai'n wir,
Ei ferwi fyddai orau yn slow dros amser hir.
Ond penderfynwyd fotio ar ôl cwnsela maith
Y rhif oedd yn gyfartal nôl cowntio lawer gwaith.
Cynghorodd hen *witch doctor*, un barfog hir ei gôt,
'Mae lan i'r Parch,' medd hwnnw, 'i roi y casting fôt.'
'Sdim hawl,' medd hwnnw, ''merwi, mae nawr reolau cul,
Mi ddylse'r crochan heddiw i fod yn *stainless steel.*'
Ond gan ei fod yn Faptist, i'r crochan aeth y gŵr,
Yng nghwmni y bananas, y coconyts a'r dŵr,
Y treib i gyd yn dawnsio, heb drowsus chwaith na choms,
Corfforol nwyddau'n corco i guriad y tom-toms.
Cyn cynnau'r tân, er syndod, eclips ddaeth ar y lloer,
A Moses Jones daeth adref i'w alwad ym Mhen-boyr.

Drych

Yn edrych nôl o hwnnw, ro'dd ffosil o hen foi,
Y drych nid yw yn twyllo, ro'dd raid gwneud rhywbeth gloi.
Yn chwilio bûm am resipi, gan 'mod i'n bwrw mlân
Gael eto bod yn ifanc, a gwrid fel hogyn glân.
Ond sut i lenwi'r crychau? 'na'r broblem oedd 'da fi
A'r cwde tan y llyged a'r trwch o *flackheads* du.
Mewn llawer *beauty parlour* a siopau cemist bûm,
Ond eisiau oedd llawn whilber o *anti-wrinkle cream.*
Fy llygaid gynt mor fywiog, gynt fel yr awyr las,
Nawr fel petaent o gregyn yn wir yn pipo mas.
A rhwbio wnes fy wyneb 'da Vaselîn yn drwch,
Rhoi wedyn Poliffila o'm talcen lawr i'm swch.
A wedi i hwnnw sychu, fe'i peintiais o flaen y drych,
Ar ôl cyflawni'r weithred, fy wyneb oedd heb grych.
Rhy goch roedd yr emylsion, fel pabi yn yr ardd,
Pan lawr i'r post mi es i yn fy ngogoniant hardd.
Daeth dynes fach â sbectol, mistêc wnaeth, chwarae teg,
Pan geisiodd hithau bostio dau lythyr yn fy ngheg.
Ond wedyn gwelais hysbys, *face lift, with a free gift,*
Not only your top features, your bottom we will lift.
Medd syrjon wrth fy ngweled, *'Tis sagged quite far, I see'.*
Efallai wir rhaid hurio o'r cownsil *JCB.*
Dim bai roedd ar y syrjon, er chwaraeodd ef ei ran,
Fy mogel nawr ar f'ysgwydd, ar ôl ei dynnu lan.
Mor deit fy nghroen yw heddiw, pan galwad natur ddaw,
Rhaid i fi gau fy llyged cyn agor y pen draw.

Dim Ysmygu

Pan own yn llwm fy mhoced, yn smocio stwmps rown i –
Rhaid uno oedd 'da'r llynges er mwyn cael *duty free.*
Meddyliwch pe buasai 'Nhadcu yn dwad 'nôl,
Mi grede'n siŵr mai ffwlbri yw'r holl rybuddion ffôl.
Pan gynt ro'dd pawb yn smygu, pob llanc a phob hen wag,
Yr ifanc efo'i *Woodbines* a'r henoed, *Ringers Shag.*
Ac yna'r *Old Welsh Favourite,* mwynhau ei fwg mewn hedd
Yn peswch a bwldagu ac yn galw am y bedd.
Ni welodd 'Nhaid un rhybudd drwy gydol bywyd maith –
Mewn pwff o fwg aeth yntau lan simne pen y daith.
Ond weithion, gwna ddaioni i rywrai, chwarae teg –
Gall Dic byth gynghaneddu heb bibell yn ei geg.
Pan alwais yn ei wigwam, brasgamais mâs ar frys
Rhwng mwg y tân yn canol a'r gwreichion *pipe of peace.*
Neu T. Llew Jones a'i lyfrau a'i nofels, pawb a gâr,
Yn cael ei ysbrydoliaeth drwy smocio hen sigâr.
Ni welwyd dim un rhybudd mewn gardd yn Eden gynt:
Ding dong pob peth yn danglo yn hwylus yn y gwynt.
Ond rhaid oedd cael peth toreth, Bod Mawr ddaeth lawr o'r nen,
A'r rhybudd cyntaf welwyd ar fôn y ffigys-bren.
'Sdim hawl,' medd hwn, 'i smygu y dail 'ma rof i chi
Ond gellir eu defnyddio i gwato'r ych-a-fi.'
Pan gymrodd dyn 'r awenau, ceir nawr rybuddion cas:
Os smocio wnewch yn Iwerddon, o'r dafarn cewch gic mâs.
Ond eto clywn yn Erin mewn llawer i salŵn
Begorra a Bejebers a phoerad i'r spitŵn.
Os cewch eich dal yn smygu y gosb, yn wir i chi,
Fydd hongian wrth eich sgrotwm wrth weier bigog fry.

Y Diwrnod Mawr

Bu yno boen a phryder a gofir drwy y wlad,
Trychineb David Beckham, ac un o'i fysedd trâd.
Bu chwilio mawr drwy'r timau i'r dwyrain ac i'r de,
Gael gweld a oedd 'na rywun i chwarae yn ei le.
Daeth parti craff o FIFFA, mewn helicopter co',
Pan glywsant bod 'na dimau go enwog yn y fro.
Bu diwrnod mawr 'ma trannoeth, rheolwyr mawr o swmp,
Caed gêm rhwng Crannog Rovers a Than-y-groes yn Plwmp.
Daeth refferîs rhyngwladol i ymgiprys am y cash:
Un cochyn bach o'r gogledd a whît tan ei fwstash.
Yn ddisrepiwt i'r ornest, un aelod barodd siom,
Ffwlbac â sbecs ar dalen, a'i welîs yn llawn dom.
Sdim lle i bechaduriaid yn y gêm sanctaidd hon,
Cadd Dic y garden felen 'rôl sgorio gôl â'i ffon.
I chwarae *centre forward* dewiswyd Ceri Wyn,
'Nôl Catrin mae e'n sgorio yn gyson erbyn hyn.
Yn Oernant ma' 'na ffynnon all leddfu poen ar frys,
Gwahoddwyd Dafydd Beckham i ddwad draw â'i fys,
Ei goes rhoes lawr i'r dyfnder nes bron bod lan i'w din,
Cawd Ifor i'w bendithio a rhwbwio Vaselîn.
Twt, twt i ofergoeledd a chred hen wrachod ffôl,
Fyse man a man 'ddo wthio ei fawd lan ei ben ôl.

Y Dathliad

Dathlwn glod ein cyndadau, enwogion Cymru fu,
A dathlu clod wnaf innau i'm tad a'm hen-famgu.
Awn nôl i oes Fictoria pan ddaethont yn gytûn,
Mewn ffair ger stondin sgadan yng ngolau paraffîn.
Tae'n olau dydd, rwy'n meddwl, fy nain ddywede 'Na',
Neu olau'r lamp yn gryfach – ni fuaswn i ddim 'ma.
'Na chwaith, fel diwedd Tachwedd, pan fynych glaw â bish
A'r weilgi yn dymhestlog, a bydde co ddim ffish.
Jwst digon oedd o olau gael gweled yn y ca'.
Ond eto'r Iôr a sylwodd, a gwelodd bod yn dda.
Fe allai Nain fod wedi troi i mewn at Gipsy Lee
A gweled y dyfodol – 'na syndod gawse hi.
Proffwyde honno'n gywir bod ŵyr i ddod un nos
Nôl arwydd yn y dwyrain er lles i Dan-y-gro's.
Dim sôn oedd am fugeiliaid nac aur na thus na myrr,
Ond nyrs ar hen feic menyw a'i *donkey crop* gwallt byr.
Siomedig fam mi welai, yn ffaelu deall shwt,
'Rôl gweu rhyw binc ddillatach, yn gwaeddu, 'Blydi crwt'.
Bardd trwm mi wele wedyn yn smala yn ymddwyn:
Un arall â biffocals ar dalcen yn lle trwyn.

Dim ond Gofyn

Er gweithio efo'r Cownsil, 'dyw bywyd ddim mor hawdd
A phan ddaw galwad weithiau, rhaid neidio tu 'nôl clawdd.
Fan honno 'rown yn cwtsho a teim-shît yn fy llaw
Pan glywais fws yn stopio, a drychais lan mewn braw.
Bws dwbwl decer oedd e, a dynes oedd ar top
Ro'dd hon yn syllu arna'i – bois bach, wel 'ma ffêr cop.
Rhag iddi'n nabod eto, edrychais i ddim 'nôl;
Rhesymais: beth debyca 'run wep yw pob pen ôl.
Mi welais fflach fel mellten o rywle yn y nen
Hen fenyw *Health and Safety* a'i chamra oedd uwch ben.
A wir ymhen rhyw wythnos gwnawd ymchwil yn y lle –
Dau swyddog ddaeth o Frwsel 'wneud profion D.N.A.
Ac wrthyf cymront sampl, gael gweld pwy oedd ar fai,
A deilen o ddail tafol er mwyn cael cadarnhau.
Wir, drwy y post daeth symons yn Sisneg a Chwmrâg
Unlicenced Defecation a lot o eiriau gwag.
Am lygru yr amgylchfyd dibenes lan mewn llys,
Gofynnais i i'r barnwr: *Your Honour – if you please*
A yw yn drais i gaca yn Plwmp neu wir Hong Kong,
Dwyf finnau ddim ond gofyn – efallai 'mod i'n rong.

Dewis Deiaconiaid

Hen gapel bach y Seion yn segur ger y lli
Yn gartref i'r corynod, hen relic oes a fu;
Ei ddrysau wedi warpo a'i hinjis heb ddim gresh,
Trist werthwyd yr adeilad i ŵr o Fangladesh –
Lle gynt fe glywyd chwyrnu ac ambell i 'Amen',
Does mwyach ond carpedi dros ben y corau pren.
A nawr mae *Seion Carpets* yn enwog drwy y fro,
Bwndeli o rai lliwgar o'r pwlpud hyd y to.
Es fewn i brynu carped a gweld bocs casgliad wnes
A meddai boi bach tywyll *'You've got a lucky face'*.
Yn y Sêt Fowr yn sefyll, yn wir ni chredech fyth –
Pum rowlyn mawr o garped yn sefyll lan yn syth.
Fe allwn wir ddychmygu mai seintiau oedd pob rôl,
Neu gynt hen ddeiaconied a'u gwg yn pipo nôl.
'Best quality the carpets,' medd yr hen Abdwl slic,
'You see, they are my deacons for you to feel and pick.
Undodwr ffyddiog ydwyf, un duwiol, calon lân –
Yn wir, ro'dd swmpo blaenor i radde yn groes i'r grân.
Ond wedyn, diawch, fe standes – nid yw yn bechod mawr
Os nad oes neb yn edrych, mae yn gyfreithlon nawr.

Dyrchafiad

Â'r oferdrafft yn chwythu a'i oer fygythiol ru
Un dydd fe ges ddyrchafiad, a chodi 'mhac wnes i,
'Gael arbed treth gymuned, treth tacs a threth y dŵr
Ymfudais i Fotswana – cawn lonydd yno'n siŵr.
Erioed mae gennyf ffansi at fynwod du eu lliw,
Rhai mawr a dam gwd gafel a nwydus iawn eu rhyw.
'Nhyffinie'r Kalahari mewn gwersyll yn y sand
Fe gwrddais i â Veiolet o Feciwanaland.
Cyn hir daeth y briodas, a'r teulu yno'n haid,
Holl dreib y Banamgwato a cneither o Bortsaid.
Ro'dd wncwl o Fombasa, hen ganibal part teim,
Gwell ganddo'm gweld rwy'n sicir mewn cawl da'r mint a theim.
'Ai Methodist neu Faptist?' gofynnodd gyda gwên.
Pan ddwedes i 'Undodwr', wel llyfu wnaeth ei ên
Ac wele 'nhad-yng-nghyfreth, hen boi fach ddigon mwyn –
Llawn streips fel carden Dulux ac asgwrn trwy ei drwyn.
Yn eistedd wrth ei ochor ro'dd Pygmi *two foot three*
Pan holais i pwy oedd ef – medd: 'Hanner brawd i fi.'
Ac wele mam-yng-nghyfreth, pen ôl fel talcen tŷ
A bron fel Kilmanjaro a bra cyp dwbwl 'D'.
Bananas nawr 'rwyn fwyta, grownd nyts a lemon pîl
A phan eu bod mewn seson, cenhadwr ffres dydd Sul.

Y Demtasiwn

Fe welais draffig warden yn bwcio'm Lada glas
Lliw gwenyn meirch ei gapan, a'i bigiad llawn mor gas.
Do, cwympais i demtasiwn fel Adda gynt mor ffôl
A chleddais fy Noc Martin i'r carau i'w ben ôl.
Ar ôl cyflawni'r weithred a roddodd fawr fwynhad,
Ai torri wnes rhyw reol yn ymwneud â chyfraith gwlad?
Ar ddeg gorchymyn Moses o'dd gynt ar lechan las
Fe allech barcio camel heb neb yn troi yn gas.
Yn Hendy-gwyn ro'dd Hywel a wnaeth gyfreithiau da,
Caf finnau f'anfarwoli rwy'n siŵr fel Arwel Dda.
Ac mewn Llys Barn 'mhen wythnos dywedais nad oedd sens:
Gofyn a wnes i'r Barnwr – *'Where is the evidence.'*
Rhesymais, byddai'r warden yn llawer iawn rhy shei
I ddadorchuddio'i ffolen o flaen y mynwod, gwlei.
Ond wir er mawr ein syndod, gostyngu wnaeth ei ddrôs
I'r Fainc 'gael ei archwilio ymbiti top ei gôs.
Rhyw farc a welwyd yno yn agos iawn i'r top,
Ond nid 'run siap â'r esgid a brynais o'r Co-op.
Ac ar ôl profion pellach, fe safies fynd i'r jâl –
Beth oedd ond man cyn geni na wyddai bod i ga'l.

Drwgdybio

Polis a'i helicopter yn hofran uwch fy nhŷ,
Ac ar y llawr Alsesians yn snwffian – ach a fi.
A finnau yn ddieuog, a gwirion ar fy llw –
Ar goll yr oedd dau flwmer Miss Jones o nymbar tŵ.
Yr oeddent yn drwgdybio, a bygwth cwrt a ffein
Mai fi oedd wedi cipio'r ddau flwmer off y lein.
Awd lawr i'r orsaf heddlu lle holodd bobi mawr
'A ydych chwi'n eu gwisgo? Eich trowsus – tynnwch lawr.'
Dywedodd wrth y rhingyll, *'He's wearing them, you'll see.'*
Ond gwelwyd ddim ond Long Johns a dwy, dair chwannen ddu.
Inspector ddaeth o rywle, a golwg sarrug roes
A whap ro'dd hwnnw'n crafu 'nghyffinie top ei goes.
'Mae'n drosedd dwgyd dillad,' medd ef mewn llais bach main,
'Mae'n drosedd hefyd,' ddwedais, 'i herwgipio chwain.'
Ond chware teg i'r drefen, mi ges i reid am ddim
I'r cwrt yn Abertawe mewn *Black Maria* chwim.
Ro'dd clwyf y traed a'r genau a'i effaith yn fan hyn,
Dim wig o wlân i'w gweled 'mond pennau moelion gwyn.
'Beth wneloch chi â'r llodrau?' medd barnwr yn Gwmrâg.
'Wel, bachan uffach,' ddwedais 'pwy iws yw blwmers gwag?'
'Y mae enghreifftiau lawer,' medd ef, 'yn yr oes hon –
Transvestites a cheilocieir a gwrwed braf eu bron.
Yn wir, ceir ambell ddynes wrwaidd eitha pert
Yn smocio pib a rhegi, a *Y-Front* tan ei sgert.'
Tra'r rheithgor yn pendroni, tyst newydd ddaeth ymlân
Â darn o gyset blwmer a ffeindiodd tan nyth brân.
A wir, fe ges fy 'ngollwng yn babwr nawr o chwys,
Bownd ofer ces am flwyddyn *'and you can keep the peace'.*

2

Lost

Y Ddamwain

Mewn lifft yn *Marks and Spencers,* 'na brofiad gefais i –
Cael 'ngwasgu rhwng menywod – rhyw nyns bach gwyn a du,
Pan sylwais ar un lleian, â sbectol fach heb rim,
Yn syllu ar fy nhrowsus – serch, dwedodd honno ddim.
Chwilfrydig oedd, efallai, ar ôl blynyddoedd lu
Yn byw mewn hen leiandy heb wryw yn y tŷ.
Mi ges ryw seithfed synnwyr, am lawr mi roddais bip
Ro'dd damwain wedi digwydd – ar agor oedd fy zip.
Ond saff oedd y lleianod, dim lle i'r chwith na'r dde
'Berfformio mabolgampau mewn sut gyfyngus le,
Tu hwnt nawr i erobics y gwryw yn ei plith
Cans adar trig ni hedant dragwyddol mas o nyth.
Mi glosiais yn agosach i'r neilltu at un nyn
Gan gau fy zip yn hastus yn daclus iawn a thynn.
Yn ffrils ei gŵn yn ddiogel mewn crych bach lle ro'dd sag
'Nanffodus cafflodd hwnnw lawr fforni'n hôl bi-dág.
Fe gwynodd i'r Siwpirior, a lawr â ni ein tri
I'r Ledis yn y besment i'r stafell ych-a-fi.
Ar ôl rhyw ddefod sanctaidd, gwnaeth hon 'ngorfodi i
Weddïo am faddeuant am fy mhechodau lu.
Jiw, am ail bip gofynnodd, rôl tynnu'r zip yn rhydd –
'Gael gweld beth oedd 'da Adda yn Eden 'slawer dydd.

Yr Eisteddfod

Pan own yn hogyn ifanc, ro'dd gennyf lais yn uwch
Ond wedi'r cwymp gostyngodd, i swno'n fwy fel buwch.
Yn rhyfedd wedi'r ddiod, fe ganwn ddigon da,
Cynghorwyd fi'n *Red Lion* gael gwersi mewn sol-ffa.
Mewn steddfod penderfynais yn awr i agor mas
I ganu alaw'r Marchog, rhoi cais am Ruban Glas.
'Ai parod?' gwaeddai'r marchog, 'mae'r gelyn acw'n dod' –
Fe ganes heb ddim syniad o'r ddrama fowr i ddod.
Anghofio wnes y geiriau, ond copi oedd 'da fi,
Ond ar y llawr roedd hwnnw, tu nôl fy sawdl i.
Ro'dd twll ym mhoced trowsus, a swmpo fûm yn syn
A'r cynnwys oedd mewn gafel werth byger ôl fan hyn.
Wrth blygu lawr yn boenus, 'ngalosis aethont critsh,
'Mhen ôl tuag at y dyrfa, a lawr fe ddaeth fy mritsh.
Nawr ofer ydoedd canu am fryniau Gwalia bur –
Ro'dd dau o'r rhain yn amlwg, i bawb 'u gweld yn glir.
'Ngwynebu oedd y beirniad, rhyw hen Miss Puw oedd hi,
A'i meddwl ar farchogion hynafol Cymru fu.
Os dewrder y Brythoniaid fu'n tanio drwy y tir,
Y Brython hwn gachgïodd, a hynny cyn bo hir.
Di-euog, ond llawn gofid, er na wnes ddim o'i le –
Wir, wrth Miss Puw ces e-mail, – gwahoddiad draw i de.

Y Drydwns

Cân – wedi i Emyr Oernant ymddangos mewn Llys Barn ar gyhuddiad bod dom ar yr heol o flaen ei dŷ, er bod y gwartheg wedi bod i fewn yn eu shede ers misoedd. Yn y cyfamser, bu miloedd lawer o ddrydwns yn clwyda yn y coed uwch yr hewl gan adael trwch o ddom. Bu damwain car, gyda'r gyrrwr yn peri i Emyr ymddangos yn y Llys. Cefais inne fy ngalw fel tyst yn y Llys yn Aberteifi.

Gydag ymyl heol gul a rannai'r fferm yn ddwy
Ro'dd ugain mil o ddrydwns llwyd, rhai bryntaf yn y plwy.
O'r big y daeth y neges i Branwen 'slawer dydd,
Y neges ddaeth tro yma tan gwt o fan bach cudd.
Fy Ffordyn coch a barciais o dan y brigau ynn,
A hanner awr yn hwyrach ro'dd 'co Fiesta gwyn –
Â'i *sixteen valve* o Vauxhall, daeth heibio crwt o Sais,
Ond buan gwelwyd hwnnw yn gorwe yn y clais.
'Mhen wythnos fe ddaeth heddwas â symons yn ei gôl,
Y drydwns wedi cilio dim ond y dom ar ôl.
Pwy alle wir i gredu mewn cwrt ymhen dau fis?
Doedd yno ddim un pluen – na smotyn ar un crys.
Mewn witness-bocs rown innau â Beibl yn fy llaw
'Rown i a Duw yn gwybod yn iawn ple ddaeth y baw.
Cans Ef ei hun â'i creodd – ar un pen ffurfiodd geg,
Â'i ebill y pen arall, gwnaith dwll bach, chware teg.
O'r *anws horriblis* daw *faeces* llithrig sâl –
Da'r ddynes fu'n croesholi, nid oedd dim un i gal.
Ac ar y Fainc ro'dd ynad na wnai fy 'nghredu i
'Rown i o'r farn yn bendant bod un i gael 'da hi.
Rhed y ffrwd garedig eto pan ddaw Hydref ar ei hynt,
Dilythyren fydd fy Ffordyn yn y caca mawr a'r gwynt.

Eisteddfod y Faenol (Yn padlo yn y pwdel)

Cyfarch T. Llew Jones ar ei ben-blwydd
yn naw deg oed yn Nhan-y-groes

Es lan 'da cerbyd Lewis am hanner pris yn llon
Mewn trowsus haf o *Oxfam* a shwsis newydd sbon.
Ro'dd yno garped plastic i gadw'r trâd yn sych,
Llond sgwâr bach o liw oren, un llyfn heb un crych.
Ro'dd arno un lle meddal mewn man nas gwyddwn i
A phwll o ddŵr otano mor ddofn â'r *Irish Sea.*
Pam damsgen wnes fan honno, fy mhwysau deuddeg stôn,
Chwistrellwyd fy ngredenshals yn boten, peidiwch sôn.
Dim les a gawd, rwy'n sicir, i'r nwyddau uchod hwy,
A falle dim daioni o'r seson yma mwy.
Fe drois fy nhrowsus fyny bron lan i hanner 'nghôs –
Dim pellach, rhag datgelu'r gwythiennau faricôs.
Fe geisiais sychu'r sane, a nawr yn noeth fy nhrâd,
Trwy slasho'n erbyn postyn ger stondin *Llafar Gwlad.*
'Ro't ti o flaen y teli yn gwylio drwy dy sbecs
Arnom ni'r beirdd mewn sandals yn bracso yn y stecs.
Bydd llawer un 'mhen amser yn ffaelu deall shwt
Ein bod ni nawr yn diodde'r maleithau a trensh ffwt.
Ro't ti fel D.T. Lewis heb shafo wrth y tân,
Yn sych heb un ymbrela mewn pâr o sane glân.
Sdim dowt, cest bwl o hiraeth pan glywaist y corn gwlad
A gweld y bardd buddugol yn codi ar ei dra'd.
Ond eto rwyt yn ifanc a'th ddawn â meddwl clir
Mor sionc â dawns y blodau a'th gynganeddion pur.
Rwy'n cofio yn dy barti rhyw ugain 'mlynedd nôl
Dy lyfyr *Singing Healthy* oedd yn broffwydiad ffôl.
Waeth wnes ti ond aeddfedu, anghofia nawr dy oed,
Llawn bwrlwm yw'r ffynhonnell, mor gryf a fu erioed.

Y Feddyginiaeth

Fy nghof yr oedd yn pallu, a wir yn mynd yn wa'th –
A oes na feddyginiaeth i'w wella o rhyw fath?
Ond jwst mewn pryd fe gofiais am ein priodas aur,
I'r Bermo awd i geisio ailgynneu'r fflam 'da Mair.
Aeth honno i glwydo'n gynnar a phoenau menwol-ryw
'Ny bar dioddefais inne da'r Gogs a'u brags ar sgiw.
Es lan i'r llofft yn diwedd yn hopsyn diogel nawr.
Pa stafell 'rown fod gysgu? Roedd hwn yn gwestiwn mawr.
Drws cyntaf a agores oedd bedrwm nymbar wan,
Roedd mwdwl tan y dwfê, a golau'r lloer yn wan.
I wneud yn siŵr o'm ffeithiau, fy llaw rho'es ar ei bron –
Pan ddo'es i'r penderfyniad: nid Mair oedd perchen hon.
Yn nymbar tw, ces brofiad a siomedigaeth gref,
Ar fron roedd rhyw hen flewynach â gwynt o *after shave.*
Ar frys fe es o'r fangre i stafell nymbar thri –
Yn dirion fe sisiales: 'Rwyf yn dy garu di.'
Crabachodd am fy ngorpws fel bwced *J.C.B.*,
Ond ofer gwrthryfela â gelyn sydd yn drech –
Rhyw gaseg nwydus enfawr fel Mari fowr Drelech.
Rwy'n meddwl ddwywaith rhagor, a 'ngof sy' lot yn well
Ar ôl y feddyginiaeth lan yn y Bermo bell.

Y Ffair

Rwyf yma yn y fynwent a'r cloc yn taro naw
Yn brysur trasho'r dynad, â chryman yn fy llaw.
Gwrandewch nawr ar y stori, mae hon yn wir bob gair –
Canlyniad beth ddigwyddodd un noson yn y ffair.
Ni ddylswn i fod yno gan 'mod i'n bwrw mlân,
Fy lle oedd cadair freichiau yn eistedd ger y tân.
Ond sŵn y ffair a'm denodd pan gododd arna i when
Eto fwrw'r coconyts â phelau caled pren.
O 'mlaen ro'dd pedair coconyt – anelais am 'run fawr
A chwympo wnaeth ar unwaith gan ddisgyn ar y llawr.
Hwyrach nad oedd fy 'ngolwg cweit cystel ag y bu,
Cans copa pen bob stondin yn galed hitiais i.
Yr heddlu ddaeth â'r ambiwlans a'i swnllyd sŵn 'W-A',
Deallais whap fod pethau ddim yn argoeli'n dda.
Awd bant â'r boi i Glangwili, dihuno wnaeth cyn hir
Eisteddodd yn y lolfa pan ddaeth y peth yn glir.
Ro'dd adfert ar y teli am gompenseshons mawr,
Am filoedd gellir hawlio os cewch eich bwrw lawr.
Ac mewn Llys Barn canlynol, bownd ofer fe ges i
A dau fis o wasanaeth o gosb comiwnitî.
Ond yn ôl hawliau dynol, rheolau Ewrop nawr,
Myn diawch, fe ges i goconyt a honno yn un fawr.
O gysur is yr ywen tu ôl mieri bras
Llythrennau ddônt i'r golwg, wrth drasho fel – 'da was'.
Neu weithiau, 'Hyn a allodd y boi hyn, ef a'i gwnaeth,
Na biti coda'i eto i'n helpu wrth fy 'ngwaith'.
Ag ymdrech dda ymdrechaist,' ar garreg uwch y gwair
O ryw galendid falle, 'rôl 'r anhap yn y ffair.

(Rhyw *'gone but not forgotten'* sydd ar y garreg hon.
A beth amdanaf finnau – 'forgotten but not gone'.)

Gay Times

Yn llyfyr Doctor Kinsey, *The Naked Ape*, fe gawn
Rhyw gyfrinachau rhywiol, 'sdim dowt bod rhai yn iawn.
Os yw'r hen ddoc i'w gredu, mae gwrywgydwyr lu –
Mewn ffaith os yw yn gywir – mae un mas o bob tri.
O'r nifer sy' ma heno, mae gennyf deimlad cas,
Bydd falle raid riferso yn bwyllog wrth fynd mas.
Ond heddiw mae'n gyfreithlon, yn wir ffasiynol nawr –
Dod allan â chyfadde mae gwrwed pwysig mawr.
Dechreuodd yr hen fisnes mae'n debyg ddigon hawdd
'Da pobol casglu cocos Llansteffan a Phen-clawdd.
Ro'dd hefyd sôn am forwyr, a rhai o ryfedd ryw,
A'i dyma'r awydd falle i fynd i Fflat Huw Puw?
A *bloke* iau o'dd yn gwichian, pan welsont Dafi Jôs
Mewn bra a chap pig gloyw, yn dangos lot o gôs.
Gael gwneud rhywbeth gwahanol, mi benderfynais i
I fynd i wrywgydio, am dipyn bach o sbri.
A bant â fi'n gysurus, rhoi winc i ambell ŵr,
Pa eitem ro'dd fod cidjo, nid own yn hollol siŵr.
Mi es i Gastellnewydd a plyg fach yn fy llaw
A tei fach binc ar 'ngwddwg i bawb gael gweld o draw.
Diwyrnod y ffair yr oedd hi, fy nghanlyn – gwas y Pôp.
A ffeirad o Forgannwg yn ymgiprys am gael grôp.
Medd boi bach tlws o'r Cownsil, 'Der lan rhyw ddiwrnod gwlyb,'
Ond colli wnes ddiddordeb, pan tanio wnaeth ei bib.
Ac wedyn gwelais hysbys *'Guys seeking Guys for fun*
If looking for a partner, I am the only one.'
Fe'i cwrddais ger Preseli, mewn tipî yng Nghwm-gwaun:
Rhyw fugail bach rhan amser, mewn croen dafad llawn o chwain.
'Hey man' medd hwnnw'n hapus, 'mae'n dda gen i dy gwrdd.'

Ond nid own yn ffansïo i redeg gyda'r hwrdd.
Gwir ofer fu yr antur, negyddol yw y gair,
Rhowch imi gaseg nwydus am noson mewn shed wair.

Fy Nghamgymeriad Mwyaf

Fe alwodd y milfeddyg – doedd Seren ddim yn dda.
Ai'r dwymyn laeth efallai 'rôl porfa ffres yr ha?
'A-ha,' medd ef, wrth bocran, 'nid wyf yn hollol siŵr
Ond rhoddaf i chi botel er mwyn cael sampl dŵr'.
Tu ôl 'rhen fuwch arhosais, a'm croen yn awr yn las
Ac aml swig o whisgi i gadw'r oerfel ma's.
Ond ildio wnaeth o'r diwedd ei diferynion prin,
Es inne am Gaerfyrddin – yn dderyn erbyn hyn.
Gwahoddiad ges 'da'r heddlu ger croesffordd Camp yr Urdd
I chwythu i mewn i gwdyn – a'r grisial droes yn wyrdd.
Y Sarj ddywedodd wrthyf, *'A sample I must get'*.
Rhoddodd imi botel 'run siâp ag un y Fet.
'Rôl misoedd maith o ymchwil a barn gwyddonwyr lu
Gwnawd ma's fy mod i'n dioddef o'r clefyd B.S.E.
Rwyf nawr ers misoedd lawer yn gaeth mewn cwarantîn,
Oherwydd difaterwch – 'nghamsyniad mawr fy hun.

Gweledigaeth

Bu dadl gyda'r hogiau un nos ar ôl y gwin,
Beth yw'r olygfa orau i godi calon dyn?
'Cwm Pennant,' meddai Ianto, 'y grug a'r adar mân.'
'Llangrannog,' meddai Defi, 'y môr a'i dywod glân.'
'Gweld Leisa'r wraig bob bore,' medd Tomos gyda gwên,
Ni soniodd am ei thafod, na'r blew oedd ar ei gên.
'Hen fryniau yr Eryri,' medd Shâms, 'ynghanol haf,
Neu weled Cader Idris drwy'r niwl ar fore braf.'
Fel labrwr bron ymddeol, part teim rwy'n gweithio nawr
Yng nghamp noethlymunwyr Poppit, bob dydd am bedair awr.
Rhoi her a wnes i'r hogiau ddod draw i'm shed fach bren
Lle gallwn ddangos iddynt olygfa wych dros ben.
'Rôl pipo am ddwy funud trwy'r 'styllod lle roedd *kinks*,
Ar agor oedd eu cegau fel nythaid o jî-bincs.
'Tai Jiwbili'n gweld Ianto, rwy'n siŵr fe gollai ffydd.
'Trugaredd,' waeddai'n sicr, a 'gollwng ef yn rhydd.'
Dim sôn bydd mwy 'da Shemi am fryniau Tal-y-llyn,
Na 'chwaith am Gader Idris, 'rôl gweld y pethau hyn.
Unfrydol oedd y ddedfryd a barn yr hogiau i gyd:
'Gen ti mae'r weledigaeth – yr orau yn y byd.'

Labordy

Cyfyngwyd yr arbrofion ar anifeiliaid – do
A nawr ers amser diogel y chi a fi wna'r tro.
Danfonwyd fi'r labordy 'da sbesialist un dydd
'Gael cadarnhau 'brognosis bod nyten fach yn rhydd.
Ro'dd sbesimens i'w gweled mewn jars ar silff y lab,
Un tafod mam-yng-nghyfreth yn fyw o hyd ar slab.
Ac ar y gweill ro'dd prosiect er mwyn darganfod pwy
A oedd yn dwyn englynion 'ddar gerrig beddau'r plwy.
'Doedd plaster cast o welington, a ffiol smel dom da
I fardd tew â beiffocals ddim yn argoeli'n dda.
A dau fardd trwm y talwrn, mewn mynwent bron yn byw
Yn llên-ladrata'n aml – Hedd Bleddyn a Phenrhiw.
Ac er bod ôl eu bysedd a D.N.A. mor graff
Gan eu bod nhw'n seiri meini, mae'r bygers hyn yn saff.
Mi ddaliwyd un ar gamra islaw yr ywen fry,
Rhyw fardd tal o Frynhoffnant a hwd â sbectol ddu.
A'r gannwyll gorff a welwyd mewn mynwent hwyr un nos
Oedd fflashlamps beirdd y Talwrn – Ffostrasol a Ffair Rhos.
Gall llên-ladradwyr heddiw ond edrych gyda gwg,
Cans mwyach nid oes rhamant yn simne'r crem a'i mwg.
Ond geiriau prin anaddas sy'n odli gyda llwch
Fel swch a hwch efallai neu blwch a cwch a bwch.
Di-euog rown ni ffor'ny, dim record bys na dwrn –
Ond falle na chyrhaeddais i cweit i ben draw'r ffwrn.

Llosgi Bysedd

Do, llosges i fy mysedd a'u llosgi nhw yn gas
Pan brynais hen *Range Rover*, un melyn â streips glas.
'Un perchen, Syr,' dywedodd y boi yn *City Road*,
'Gweinidog yr Efengyl, un uchel iawn ei glod.
Y cloc fe allwch weled sy'n dangos ond deng mil,
Ond iws at ambell angladd a dwywaith ar ddydd Sul.'
Fel cennad cynorthwyol, meddyliais i yn wir,
Cawn ysbrydoliaeth ryfedd wrth yrru hwn drwy'r Sir.
Anghofiodd boi y garej ddatgelu'r ffeithiau i gyd,
Cans cerbyd rhyw genhadwr oedd hwn fu'n teithio'r byd.
Do, gwelodd hwn well ddyddiau ym Meciwanaland,
A stormydd Kalahari yn llenwi'r carb â sand.
Heb ddowt, rhyw greadur nwydus oedd boi y coler crwn –
Roedd sêt y cefn fel crempog 'rôl mabolgampau hwn.
Bu'n malu'r clytsh a'r gerbocs dan danbaid wres y dydd
Wrth gasglu'r defaid duon i'w corlan i'r cyhudd.
'Rôl talu'n ddrud amdano, dychwelais wedyn 'nôl
A buan sylweddolais ei bod hi'n fargen ffôl.
Ei artaith yn yr Affrig yn cludo gwas yr Iôr
A wnaeth hwn yn anaddas i deithio yr M4.
Er mwyn dod ma's o drwbwl, insiwrais i y bys,
Fy mwriad oedd ei losgi fin nos heb unrhyw ffys.
Rhy hastus, tanies fatsien heb ddarllen y print mân
A llosgais eto 'mysedd wrth roi'r hen beth ar dân!

Newid Car

Fy chwilen ddur o'r Almaen, bu rhaid cael gwared hon,
Wrth weld y rhwd a'r tyllau, roedd arswyd ger fy mron.
Ei defnydd bellach ydoedd ar dop yr ardd fel shed,
Yn lloches ac yn gartref i ddeg *Rhode Island Red.*
A ffonio wnes y garej, esbonies i i'r boi
Bo'r ieir yn pallu dodwy, bod rhaid gwneud rhywbeth glou.
Ro'dd ganddo hen fan bara, *Reliant Robins* lu,
Hen hers â'i *big ends* hithau nawr yn y nefoedd fry.
Ond wedyn galwodd selsman, un smart â'i wedd yn llon
Â *Lada Riva Special*, un weipar newydd sbon.
Dechreuodd y bargeinio am bart exchange fy mys,
'Mi gewch,' medd ef, 'eich plesio, dim ffwdan a dim ffys.
Hwn yw y car,' dywedodd, 'oedd gan 'rhen Gorbachoff
Pan ddwedodd Boris Yeltsin *'Go home and byger off'*.'
'Fy chwilen i,' ddywedais, 'yw'r cerbyd, medde'r sôn
Fu gynt yn cludo Hitler a'r nwydus Eva Braun.
Ar y sêt ôl os sylwch, lle bellach does ond gwynt,
Mae pant i'w weld hyd heddiw o'r "amser difyr gynt".'
Ond derbyn wnes ei gynnig, er cymaint oedd fy siom:
Ces bumpunt am y *chassis* a sofren am y dom.

Oedi

(Ar y dôn Cwm Rhondda)

Wele'n oeri ar y palmant
Wrthrych haerllug wyneb sur,
Nid oes neb am ei adnabod
Falle gwrddwn cyn bo hir.
Draffig warden, Draffig warden,
Trist ei weled lle y mae,
Trist ei weled lle y mae.

Rhosyn siriol yw ei wyneb,
Nawr yn wên o glust i glust,
Tynnu allan mae ei bensil –
Canlyniadau fyddant drist.
Pip ffor arall, pip ffor arall
Gad fy Ffordyn yn lle mae
Yn lle mae,
Gad fy Ffordyn yn lle mae.

Amen.

Pen-blwydd Hapus

(I Aneurin pan ymddangosodd ar y teledu
ar y rhaglen 'Penblwydd Hapus')

Heb wynt, na dim pwysigrwydd, hen wag o'r Mynydd Du,
Gŵr bonheddig natur yw, a'i ddoniol straeon lu.
Bu'n sôn am un cymeriad i Ganan fu ar daith,
Lle tynnodd lu o ffotos ar bererindod faith.
Arabiaid a chamelod, a llawer teml hardd,
A phebyll o groen geirfr yng ngwlad yr Eden ardd.
Perswadiwyd i roi darlith am lefydd lle y bu,
Cadd fenthyg gyda rhywun hen fajic lantern ddu.
Gofynnodd i Aneurin ei helpu un prynhawn,
Ro'dd eisiau creu cryn argraff ar bobl pwysig iawn.
I newid yr olygfa, nid oedd dim eisiau dweud,
Rhoi cnoc ar ford wnai hwnnw i Nye gael newid sleid.
Esboniai'r dyn yn fanwl y llefydd oll lle bu,
Gan ddangos hen bysgotwyr ger Môr y Galilî.
Medd ef, 'Mae'r darlun nesaf yn un cysegredig iawn,
Cynyrfir chi, fel finnau, pan arno gip a gawn.'
Ro'dd Nye, wrth gwrs, y Satan, wedi hen baratoi –
O'i boced ddaeth sleid arall, a mewn â hi yn gloi,
Cnociwyd y ford ac wedyn, 'Y Nefoedd Fawr! Jiw Jiw' –
Tair dynes borcen welwyd yn gorwe' ar y sgiw!

Papur Doctor

Am hydoedd bûm yn disgwyl fy nhro mewn syrjerî
Naw *Women's Own* ddarllenais, ro'dd rhai mor hen â fi.
Roedd hipi wrth fy ochr, amhersawr iawn oedd hi,
Mewn caglog gôt groendafad a'i dannedd bylchog du;
Fe soniodd am ei theulu a'i hachau yng Nghwm Gwaun,
'Nabyddus ro'wn i bellach â mwy nag un o'i chwain.
Ac wedyn daeth y meddyg, rhoes bip i'r chwith a'r dde,
Ac yna mi ddiflannodd gan ei bod hi'n amser te.
Y *buzzer* aeth yn sydyn, a 'Mr Jones', medd llais,
Mi gododd pump ar hugain i ymgiprys am y cais.
O'r diwedd mi ges alwad, bron starfo ro'wn a blin,
'Sut 'ych chi,' meddai'r doctor: Atebais, 'Lot yn hŷn.'
'Eich trowsus nawr,' medd yntau, 'rhaid i chi'i dynnu off.'
Ymyrryd wnaeth â rhywbeth ac wedyn dwedodd, *'cough'*.
Rhyw ddoctor tywyll oedd ef, o'r India bell a'r tes,
Medd ef wrth stydio'i ffolen, *'You've got a lucky face'*
'Aha,' medd yntau wedyn, *'the symptoms are quite vague.*
Ai'r mymps neu feri beri, neu'n wir fiwbonic plêg,
Neu falle *yellow fever,* neu yr hen golerâ . . .
Y chi yw'r nawfed heddiw'n dioddef o'r un pla.
Ta waeth mi seinia i'r papur: *'Disease that's hard to name'*
Cawn gwrdd yn y *Cup Final* am beint ar ôl y gem!'

Profiad Mawr Plentyndod

(Stori Wir)

Uchelgais fy mhlentyndod, pan dyfwn i yn ddyn,
Oedd bod yn seren ddisglair yn fy mhwlpud mawr fy hun.
Edmygwn Christmas Ifans, Sam Bach a Jiwbili,
A byddwn innau'n bendant yn gystel bôi â'r tri.
Un dydd, rôl gweled angladd, fe gododd arna i chwant
I dreio llaw fy hunan, â chymorth rhai o'r plant.
Ond cyn cael angladd dilys, roedd rhaid cael corff, bid siŵr,
A doli'n chwaer a foddais heb ffws mewn twba dŵr.
Roedd Gloria'n ddol arbennig, dywedai 'Mama' yn blaen,
Cau llyged wnâi wrth orwedd, ac ar ei grudd roedd graen.
Y whilber oedd ei helor, bocs sgidie oedd ei harch,
A rhes o fân alarwyr yn canlyn gyda pharch.
Pregethais o ben bwced cyn rhoi y llwch i'r llwch,
Rhwng rhychau Aran Peilot, a'r dom islaw yn drwch.
Daeth bore'r atgyfodiad, ar ôl y trydydd dydd,
Pan aeth fy nhad i durio am datws yn y pridd.
Cynhaliwyd cwrt ar unwaith, a'r *judge* â golwg syn,
Fy chwaer oedd yn ei dagrau – hi oedd y *next of kin.*
Ai effaith drom y gansen, 'rôl tynnu'r trowsus lawr,
A amddifadodd Gymru o efengylwr mawr?

Pobol Drws Nesa

Rhyw bobl bach oedrannus fu'n byw drws nesa' i ni,
A gerddi sydd yn ffinio yn hir tu ôl fy nhŷ.
Y mae 'na ddwy lein ddillad bob ochr ger y ffin,
A'r dillad fel baneri yn chwifio fore Llun.
Pan chwythai'r gwynt yn ffyrnig o'r dwyrain yn ei nerth
Doi eliffantaidd flwmer i'm cyfarch tros y berth.
Ond tro fe ddaeth ar fywyd, hen hanes dynol-ryw:
Y dillad aeth da'u perchen i fyngalow i fyw,
Ac fel hen fachan siangel, rhyw bleser eto gaf
Wrth wylio'r dillad newydd ar ambell fore braf.
Rhyw *posing pouch* nawr welaf, a sane neilon du,
Dau fra yn groes i gyswllt sy'n cyffro'u hormons i.
Gofalaf mwy i hongian fy nillad yn 'run lle –
I'r aswy mae fy *Long Johns* a'm crys yr ochr dde
A phan bo'r gwynt gorllewin yn chwiban cas ei ru,
Ymgiprys llewys gwlanen sy'n goglais lingerî.
A'r *posing pouch* digwilydd â'r *Y Fronts* dau neu dri
'Ne'u hyd mae gyddfau'n *Long Johns* 'neu pocran yn llawn sbri.
A'n dawnsio'n llon da'i gilydd uwchben dwy rych o bys
Mae bôn y sane neilon yn nawr tu fewn i 'nghrys.
Myfi yw'r hen Ap Gwilym wrth gymryd nap prynhawn,
Y gwynt yn cynganeddu a'r dillad nawr yn llawn.

Y Smotyn Du

Yn wir mae sawl esboniad i'r enw 'Smotyn Du',
Pa un yn wir sy'n gywir, mae'r dewis lan i chi.
Dwed rhai bod llawer Sosyn â wyneb du fel nos
'Rôl effaith mwg y tyweirch cynhafwyd ar y rhos.
Ne'n bosib yn Llanwenog lle trigai pobol fwyn
Cyn clywed sôn am *Lifebuoy* ro'dd *blackhead* ar bob trwyn.
Neu falle rhwng enwadau hen hanes dynol-ryw
Pob enwad mewn bodolaeth, pawb â gwahanol Dduw,
Ai gwas yr Iôr edrychodd 'n obeithiol tua'r nef
Am ysbrydolieth, 'falle, trwy rhyw nefolaeth lef?
Ar smotyn tywyll glaniodd a'i ben o'r nefoedd fry
Pan iach ryddhad ca'dd drydwy 'rôl bwyta cwrens du.
Rhagluniaeth sydd yn cofio pob pechod a phob trais,
Dail tafol a osodwyd yn drwch ar fola'r clais.
Ac wele'i wraig e' trannoeth yn babwr nawr o chwys
Heb gymorth *Daz* na *Persil* yn rhwbio'i het a'i grys.
Mae rhai'n addoli ffwtbol lle dalant wir gan punt
Dim ond i wylio Beckham yn cicio pledren wynt.
Bu Smotyn Du'n yr Almaen ar ffurf rhyw dywyll rash,
Ro'dd hwn tan drwyn 'rhen Hitler – hen afiach ddu fwstash.
Mae'n wir mi ges fy nghodi ger ardal coedwig ddu –
Di'r enw Allt y Blac-a ddim byd i wneud â fi.
Undodiaid Dyffryn Teifi, ffyddloniaid mawr o fri
Bydd nefoedd wen i'n disgwyl ni gyd o'r Smotyn Du.

Cân y Sefydliad

Sefydliad newydd ffurfiwyd, sy heddiw'n mynd 'da'r oes,
Cymdeithas Noethlymunwyr sy'n cwrdd yn Nhan-y-groes.
Wrth ddisgwyl am bob trwydded, yr amser hir a hong,
Full swing yw hi o'r diwedd a phopeth yn ding dong.
Ond, wir, yn shei i ddechrau ma' rhai aelodau, sbo,
A chan nad oes ffigysbren, dail riwbob wnaiff y tro.
Ond, pan fo'n nyfnder gaeaf a'r eira gwyn ar lawr,
Un ddeilen grimp y dderwen a wnaiff y tro yn awr.
Ffarwel nawr i'r galosis, ffarwel i'r nics a'r bra,
Mae Oernant yn ei welis yn cwrso 'r ôl y da.
Ein hawdur mawr Jon Meirion, sy' mewn sefyllfa drist,
'Mond lle i hongian camra a beiro ar ei glust.
Gwrthodwyd Idris Reynolds yn union yn y man,
Gan fod 'na beth amheuaeth pa ben oedd fod i lan.
Gwaharddwyd boi bach tywyll, aeth adre gyda gwg,
Fe ddyliai Dic mewn wigwam i gadw mas o'r mwg.
Hen Sais ofynnodd imi, *'the way to Penrhiwllan?'*
Cyfeirio wnes heb ffwdan heb godi 'mysedd lan.
Yng nghadair hardd Casnewydd eisteddaf lawr mewn hedd,
Mewn ffydd bydd Ray o'r Mynydd yn garcus efo'i gledd.

Tu ôl i'r Cloc

'Cer draw i weld dy ewyrth, a cher i weld e gloi.'
Un bore'r wraig ddywedodd, 'mae'r cigfrain yn crynhoi.'
A dweud y gwir yn onest, fy siawnsis i oedd wan,
Ni fûm erioed yn ffefryn yn wir gan Wncwl Dan
Oddi ar ddigwyddiad diflas pan oeddwn i yn llanc –
Benthycais pryd'ny ddalen o lyfyr main ei fanc.
Ond draw mi es dan brotest ar ôl rhyw beint neu ddau,
Perthnasau pell oedd yno, fwlturiaid fwy neu lai.
'Cer draw,' medd un, 'i'r parlwr, mae Wncwl yn bur wael,
A symud rhai o'r celfi fel bod 'na le i'w gael.'
Pan own i yn chwilmantan fan honno wrthyf f'hun,
Tu ôl i'r cloc fe welais ewyllys yr hen ddyn.
'Hwn yw fy ngorchymyn olaf yn Ionawr Eiti Tŵ:
Gadawaf fy holl eiddo i'm cwrcath Cwtshi Cŵ,
Ond os bydd farw hwnnw cyn i fy llygaid gau,
Gadawaf fy holl eiddo i Arwel Jones, fy nai.'
Y cwrc gadd ffling i'r afon, ond nofiodd 'rochor draw,
Rhois fatsien tan ei gynffon; yn anffodus daeth i'r glaw.
Rwy'n gyrru fy Naihatsw ar ôl y pwsi cat,
Er bod naw bywyd ganddo, fe wasgai'r diawl yn fflat!

God is Love

Teulu Ni

Rhyw bobol bach gyffredin, yn wir, yw'n teulu ni,
Heb fardd na cherddor amlwg, na llenor mawr o fri.
Er treulio'm hamser hamdden yng nghwmni beirdd bach llwm,
Datblygais i, beth bynnag, i ddod yn fardd mawr trwm.
I chwilio gwraidd fy nhalent gwnaed ymchwil ar y we
Er mwyn cael gweld yn gywir sut ces i'r ddawn, a phle.
Arweliaid fu'n niferus, nawr ffosils yn eu heirch,
Ro'dd dau yn bridio fferets, a thri yn dilyn meirch.
Yr own yn bur siomedig, ro'dd bownd fod rhywbeth gwell:
Mewn eglwys mae cofnodion sy'n mynd yn ôl ymhell.
Bedyddiwyd 'rhen Ap Gwilym yn ffont Llanbadarn Fawr,
A thybiais a oes blewyn ar ôl i'w gael co nawr?
Es yno i chwilota er mwyn gwneud DNA,
A pherthyn rown, dim cwestiwn, yn agos iddo fe.
Ro'dd Dyddgu dlos a Morfydd â phennau tost yn sâl,
A Leisa Jones y forwyn a gwtshodd lan i'w wâl.
Canlyniad i'r difyrrwch, fe aned iddi hi
Rhyw Arwel Jones Fitzgwilym (a'i ben yn foel fel fi).
Ro'dd hen-dadcu'n fynwotwr, a dyna pam i chi
Fod coesau Dwynwen heno yn denu'm llygaid i.

Y Talwrn

(ar gyfer y milfed Talwrn, a gynhaliwyd yn Nhan-y-groes rhwng timau'r De a'r Gogledd)

Rhyw ffyrnig feirdd sy'n malu mewn gwesty ar lan y môr
A cheiliog coch yw'r Meuryn sy'n gynnil efo'i sgôr.
Rwyf fi yn hoffi pobol sy'n galw pâl yn bâl.
Pa dalwrn sydd yn dalwrn os nad oes ffowls i gâl?
Yn ôl rhen Bodfan Anwyl – rwy'n siŵr ei fod yn reit –
Ceiliogod sy' fod ymladd, nid beridd sy' ddim rhy breit.
Mi hoffwn weld John Ogwen a'i waed yn llifo'n goch
Ac *Indian Game* y Beca'n sbarduno bwyti'i foch.
Un ffyrnig yn ei amser ein *Black Minorca* Dic,
Ond treiglo mae'r blynyddoedd, nid ydyw mwy yn *chick*.
Bydd dau saer maen yn gwylio – Hedd Bleddyn a Phen-rhiw –
Mae rheiny'n byw'n gysurus ar rai sy'n ffaelu byw.
Rhai *boilers* ni fydd mwyach, tu hwnt i'r poen a'r ofn,
Ceiliogi'n ddi-Viagra ar lan Iorddonen ddofn.
A chlochdar ar ei *sgimren buddugol, Caryl ni,
A'i chwarae'n troi yn chwerw 'rôl colli lot o blu,
A Heulwen Haf, pŵr byger, ar ôl y brwydro blin,
Heb lasog yn llawn Paxo a sgiwer drwy ei thin.
Ac yn yr Emlyn fory ar ôl y brwydro cas,
'Mond bwglins ffowls o'r Gogledd ac ambell bluen las.

* sgimren – 'perch' yn ôl Iolo Morganwg.
O 'esgynbren'? A.J.

Twrio

Mae pobol heddi'n conan am fod y ffynds yn dynn
Yn twrio ac yn pocran am yr Objectif Wýn.
Bron nawr yn listed bildin yw'r tŷ bach ar dop yr ardd
Sy co' ar oes Fictoria tan gysgod leiloc hardd.
Do, heriodd hwn pob tywydd, rhew, haul a gwyntodd cas
Cawodydd a tharane o fewn ac o'r tu fas.
Yr amser sy' yn hongian uwch ben ei do yn drwm
Tan gwmwl glas o gilion ac ambell gachgi bwm.
Er bod y pry yn twrio, ni ddaw hon fyth *for sale,*
Mileniwm ffynds all achub ar gownt yr oes a ddêl.
Mewn cyrraedd i'r eisteddfa mae heolen rydlyd gam
Fu'n brathu drw' ddarluniau ein Leisa fwyn a'i mam.
Llun Toni Blêr a Cheri a Chlinton yma gawn
A William Haig a Ffyrgi a phobol bwysig iawn.
Hanesion canrif gyfan a ddaeth i fewn drwy'i ddôr,
A mas mewn bwced gorlawn yn sgwars bach ffôr-bei-ffôr.
Os caiff fy nghais ei wrthod, fe rafflai'r bwced tun
Trychineb fyddai dymchwel yr hen adeilad hyn.
Ac ar ôl codi'r arian, caf doilet newydd sbon
A stôl fel 'steddfod Llambed o fewn y deml hon.
'Rhen orsedd bren hongianaf, fel cofeb y bydd hon,
O'i mewn bydd llun Fictoria'n amiwsd yn gwenu'n llon.

Gwesty'r Emlyn

Mae resipi i bopeth, i bob rhyw ddynol loes,
Ond newid rhaid y drefen i symud gyda'r oes.
Daw resipis o Frwsels, rhai twp fel cwpla'r bunt,
Ond, fel eu sbrowts, dyw rheini werth dim ond torri gwynt.
Os ffaelu wnaiff Viagra i chwi i ddod yn dad,
Dewch lawr â'r wraig mewn seson, gwasanaeth fydd yn rhad.
Lawr yma'n Aberteifi, beirdd pwysig fe gewch gwrdd,
Yng nghaeau glas yr Oernant caiff redeg gyda'r hwrdd.
Un hwrdd sydd â beiffocals, daw ati hi yn syth.
Ond tra bo rhain ar dalcen, ni chaiff ei serfo byth.
Cewch ddewis hyrddod lawer, rhai tenau a rhai tew.
Trwch o wallt neu wisgers, ac un heb fowr o flew;
Mae hwrdd o blwyf Llanwenog yn dwad o gwd brîd,
Er wedi pasio'i orau, cystadlu mae o hyd.
Un tal yw Ferwig Comet o Gwbert ger y lli,
A hyd yn oed ym Mharis mae parch i'w bedigrî.
Os Witnes y Jehofa sy'n poeni wrth eich dôr,
Gan sôn am ryw baradwys a'r bywyd da mewn stôr,
Mae'n siŵr o ofyn i chi, 'Sut hoffech chi, fy ffrind,
I gwrdd â'ch hen gyfoedion sy' bellach wedi mynd?'
Dywedwch y gwirionedd, yn onest ac yn syn:
'Dim diolch. Gwelais ormod o'r bygers 'rochor hyn.'
Os mam-yng-nghyfraith sgennych, sy'n peri poen a braw,
Ar geulan yr Iorddonen heb dransport i groesi draw,
Yng nghynnwys *Yellow Pages*, ceir ateb yn ddi-ffael:
Tan 'S' mae Doctor Shipman, a'i resipi ar gael.
Ro'dd resipi naturiol i yobs yn amser nain,
Y wialen fain a'r fedwen: mae'n bryd dod 'nôl â'r rhain.

Wel, fel 'na buodd hi

Yn angladd Wncwl Morgan yr oedd 'na dyrfa lu –
Y cyfan mas am 'sglyfaeth mewn dillad sobor, du.
Hen ffermwr defaid ydoedd, hen gybudd, afiach wên,
Am geiniog blingai chwannen, dwed rai, gan 'fod mor fên.
Ac wele un cymydog â gast o'r enw Fflei,
Mam ci fy Wncwl Morgan oedd y berthynas, gwlei.
Llawn dagrau, Jane Tynewydd, yn perthyn dim 'ddo fe,
Sgert *Oxfam* am ei ffolen, a het o sêl *B.J.*
Ac yn y capel gorlawn, cawd pregeth barchus nawr,
Dwy sachaid o gelwydde ollyngwyd oll mewn awr,
Ac ar ôl diwel rheini ro'dd rhagor nawr mewn stôr,
Mi soniwyd am y bugail yng nghorlan fawr yr Iôr.
Rhyw sôn am dragwyddoldeb, a wir, 'gael dweud y gwir,
Cawd enghraifft wych o hwnnw 'da'r bregeth ddiflas, hir.
Ro'dd Morgan yn foi menwod, caiff sicir eto gwrdd,
I gario 'mlaen ei hobi a gwneud ei ran fel hwrdd.
Mae gweinidogion weithiau, fe garian 'mlan drwy'r dydd
Os na chânt drawiad calon neu bwl o ddolur rhydd.
Cawd sôn am dragwyddoldeb a phawb mewn gynau gwyn,
Os gwir y stori honno, beth ddiawl mae'n neud ffor' hyn?
Ac wedyn, yr ewyllys, wel 'na beth oedd fflat shot,
Cans plentyn siawns oedd ganddo gadd bron y blydi lot.
Bu Morgan 'rioed o gartref, ond 'drychai 'mlaen yn fawr
Cyn marw, flasu'r heli ac awel hallt ei sawr.
I fi gadawodd bumpunt i wasgar ei fân lwch
I'r môr tu fas i Gwbert yn gynnil o fy nghwch.
Lawr toiled ger y llosgfa fe aeth fy wncwl i
I ffeindio ffordd ei hunan. Wel, fel'na fuodd hi.

Yn y Llys

Mewn llys yr wyf yn ofnus wrth sefyll 'flân fy ngwell –
Ysgwn a fyddaf heno yn oer a chaeth mewn cell?
'I witnessed,' medd hen heddwas, *'on Oernant cattle grid,*
The rails were wet and shiny: commit offence he did.'
Llygadu rwyf y rheithgor rwy'n 'nabod un neu ddau.
A allaf eu perswadio fy mod i yn ddi-fai?
'Co'r grychlyd hen Miss Parry, hen briwn mewn blows fach binc,
Osgoi y mae fy ngolwg pan daflaf arni winc.
Rwy'n cofio'i hebrwng adre un nos ym more oes
Pan bywiog oedd ei hormons, a siapus oedd ei choes.
'Co Jones, 'rhen ysgolfeistr, bydd dirion, gwêl yn awr
Wrth gofio am blant bychain fu gynt yn plygu lawr.
Mae amser gennyf stydio hen wig y *judge* o'm bla'n,
A gwybod rwyf, fel bugail, ble'n gywir ddaeth y gwlân:
O offer hwrdd Llanwenog, gwerth ugain punt yn rhwydd,
Coroni'r barnwr heddiw – boi trigain mil y flwydd.
Yn cysgu nawr mae hwnnw – mae'n chwarter wedi tri,
A'r cês yn cael ei drafod: *'act of indecency'*.
'Adjourned,' medd ef wrth ddeffro, 'rwy'n mynd i'r W.C.'
A fanno mae'n cyflawni 'run drosedd a wnes i.

Yr Ymddiheuriad

Roedd eisiau ymddiheurio, 'na'r broblem oedd 'da fi,
Am rywbeth yn y pared yng ngwesty y Llew Du.
Rhyw gawlach ar y landin pan aeth y trydan mas,
Nawr, gorwe' wrth fy ochr yng ngolau'r lloer ro'dd tas.
Fel mwyach hen lanc siangel, tro cyntaf yn fy oes
Wrth swmpo tan y blanced, mi deimlais estron goes,
Mi benderfynais fan'ny nad fi oedd perchen hon
Na chwaith, rown hollol sicir, Carn Ingli fowr o fron.
Dychmygais glywed barnwr yn sôn am y *foul deed,*
Ond chwyrnu roedd y ddynes, o'r ddau ben yn ei hyd.
Yn sŵn yr offeryniaith, gwell cilio roedd tra'n iach,
Pan ddaeth rhyw gynnwrf trostof i gael ail swmpad fach.
Ai blwyddyn gaf o garchar, neu wir efallai ddwy?
Bydd werth mis ychwanegol, un rhwbiad fach yn fwy.
Ond ffoi a wnes o'r fangre, roedd bron yn fore Sul –
Dos ar fy ôl i Satan, rhaid rhodio'r llwybr cul.
Os hawdd ro'dd gan rhen Adda berfformio yn yr ardd
Nid felly'n y *Black Lion* o fewn *four poster* hardd.
Wrth fwrdd y stafell frecwast 'da dynes cefais winc,
Roedd hi yn gwisgo *Y-front*, a finnau flwmers pinc.

Yr Ymddiswyddiad

Bu raid i mi ymddeol, doedd dim bai arnaf i:
Ni wnes ond fy nyletswydd drwy helpu, deiar mi.
Fel gweithiwr efo'r Cownsil, mi ges brofiadau'n wir
Lle gwelais ryfeddodau o ben fy ysgol hir.
Un dydd, drwy hollt y cyrtens, fe welais ryfedd shew –
Yn chwaena uwch croen dafad ro'dd glorwth hipi dew.
Fel bugail da a Christion, es fewn i wneud fy rhan
Rhwng mwg y pot a'i drewdod, medd hithau: *'Thank you, man'*.
Do, shwpses bymtheg chwannen – rhai tewion ych-a-fi,
A'r rheini ffaeles ddala ddaeth adre efo mi.
Yn trwsio to bûm wedyn un dydd yn Aber-cych,
Trwy grac fe welais isod mewn bath rhyw ddynes wlych.
Wir, colli wnes fy ngafel mewn fath sefyllfa ddwys
A chwympais lawr drwy'r nenfwd a glaniais ar ei phwys.
Ynghanol yr oll ffrwgwd diflannu wnaeth y plwg,
'Rolygfa nawr yn gwella'n sylweddol 'da pob glwg.
'Rwyf wedi dod o'r Cownsil,' esboniais wrthi hi.
'I drafod pob gwlybaniaeth ar waelod *Section C*.
Cyfleu mae hwn rhaid gwared diferon bob yr un –
Wnes i ddim ond ei rhwbio yn fy oferteim fy hun.

Limrigau

Hed weiter Hotel Castell Malgwyn
Yn torri gwynt rwp-rap yn y gegin
Ro'dd dam gwd bwcêi
Gyda soup of the day
Ond ro'dd cilion yn gweu rownd y pwdin.

Aeth Mari fowr i siop yn Llanbydder
Gan obeithio cael bra â pheth dyfnder,
'Rôl treual pob un
Dywedodd y dyn
Bod e'n flin bod dim byd ar gownt cader.

Hen gybydd o arddiwr o Adpar
Rhoes ashis ei wraig drwy y gwagar:
Llwch mân i'r gwsberis
Oedd yn well na'r John Innis
A da'r clincers cas grop o bys cynnar.

Tacsidermist yn dod o Ton-du
A lwyddodd i stwffio'i fam-gu,
Nawr bob wythnos yn gyson
Mae e'n codi ei phenshon
Ac mae hon nawr yn gant dau ddeg tri.

Torrwr beddau yn chwiban yn hapus
Yn chwilio 'm ei raw yn gysurus,
Ond wir, cas ei tsheto,
Penderfynwyd crimeto –
Cas eto ten-pî gwasgar ashis.

Uwch ben teml ymhell Catmandŵ
Ma 'na arwydd ar wal, medde nhw,
Ond aeth Sais o Gẃm-cou
Mewn yno i droi
Ond yn gloi cas gic mas gan Hindŵ.

Un noson Gŵyl Werin y Cnapan
Ro'dd 'na ras eg and spŵn rownd yr ydlan,
Peidiwch sôn ba na bŵ
Fe wnaeth Dai, medde nhw,
Ddefnyddo 'U Hw' i gael y cwpan.

Aeth Aelod Seneddol i ffwdan –
Canfaso ro'dd e' fod wedi'r cyfan,
Cadd dipyn o nam,
A wyddech chi pam?
Cusanodd y fam yn lle'r baban.

Rodd Sioni'n jocôs mewn jacwsi
A'r bylbs o'dd yn bosto ymbiti
A'r smel, medd y sôn,
Fel Eau de Cologne
Nes i Sioni i ddwedyd 'Excuse Me'.

Aeth Ken heb ei dryncs i bwll nofio,
A'r dŵr oedd ymhell below zero,
Medd dynes o'r oriel
'Rwy'n gweled ei fogel –
Ond wedyn fe allwch anghofio.'

Medd Cwin Mother, 'Fi nath fistêc,
I'r twll rong yr aeth asgwrn yr hêc,'
Dim lwc wedi stretsio
A fforso a bendo
Daeth lan wedi taro gwd rêc.

Hen hogen o fro Rhandir-mwyn
Ar frys fe aeth tu 'nôl i'r llwyn,
Fe'i gwelwyd gan blismon
A'i fri ar bromoshon
Ond do'dd honno ond sychu ei thrwyn.

Pan welodd y bobi ei gysgod
Yn erbyn wal tafarn yr Hafod
Medd yntau, 'Good God,
Wel, dyna beth od:
Dau drynshon – wel, dyna beth hynod.'

Dwy bersen tros frigyn mi wela,
Mari fowr yn reido beic Honda,
A hithau'n ei chrwmp
Arswydus ei swmp
Os aiff tros ben bwmp, mi ddiflanna.

Fe fwytais fy ngwinedd i'r bywyn
A thynnu fy ngwallt ma's bob blewyn,
A llyfu pen ôl
Hen gochyn bach ffôl
A chael byger ôl am fy englyn.

Mewn cyfarfod yn nhre' Aberystwyth
Roedd hen ffeirad yn geirio yn lletchwith
Creodd dipyn o ffys –
Dim wrth ffaelu dweud 'S',
Ond am beidio â chaead ei gopith!

Wrth fwyta ei bwdin Nadolig
Ca'dd Wiliam ryw bwle diawledig;
Mae nawr, diar mi
Yn y W.C.
Yn disgwyl ten pî o galennig.

Yn ymyl Cilgerran rwy'n credu
Bws Richards a aeth dros ben cwrci,
Yn ei gwmni ro'dd cath,
Do'dd hon damed gwa'th,
Pilion reider sy wastad 'nei dal hi.

Yn ymyl Cilgerran rwy'n credu
Mi welwyd pâr ifanc yn caru,
Anghofio gwnaeth Jil
Gymeryd y pil,
Cawn briodas 'sdim dowt' cyn mis Medi.

Limrig yn ymwneud â gwaith

Ar ffas ro'dd fi'n gwitho yn Tymbl
Ar dydd Sul ro'dd pai fi yn ddwbl
Hi Sgargil o'dd Duw
Hei leiff ro'n ni'n byw
Fe Thatshyr a sboilws y cwbl.

Yn sôn am 'manhole' oedd yr arwydd,
Ond prin yw'r Gymraeg yn ein bröydd,
Cawd cyfieithiad go flin
Sôn am orchudd 'twll dyn'
Dyma'r ffoto – nid wyf yn dweud celwydd!

Pennill o glod i'r Credit Card

Co'n 'nillad i'n mynd gyda'r afon
Fel hi, Beti Bwt yn y straeon,
Mae ngharden ar glawr,
Defnyddiaf hi nawr,
Os nad yw hi'n fawr mae hi'n ddigon.

Penillion

Beddargraff Jay Walker

Fe groesodd yr Iorddonen
Heb asgwrn croen na chrofen,
Mae rheini'n ôl yn Ffos-y-ffin
Tan *sixteen valve* Volkswagen.

Beddargraff Chwaraewr Dartiau

Ar lechen uwch y dalar
Rhown olaf sgôr ein cymar:
Yn sefntiffôr bu farw Ben
Bwl, dwbwl ten a phedwar.

Beddargraff Cardi

Y Rabi roes gysegriad
I'r Cardi tan y dynad
Ymhen draw'r fynwent ger shed sinc,
Ymhell o dinc y casgliad.

Wrth barcio mewn Multi-storey car park

O, ble mae fy Allegro?
Mae 'nghalon fach llawn ing –
Cans telais fwy am barcio
Na gwerth y blydi thing.

Ymadael

Aeth Harriet i ffwrdd eto,
Ond nid wyf yn gofidio,
Daw 'nôl mewn bocs bach ffôr bei thri –
Mae wedi ei chrimeto.

Mae arian wncwl Morus

Mae arian wncwl Morus,
Ei *liquid assets* megis,
Yn llifo'n rhydd – ni all eu dal –
Yn erbyn wal trwy gopis.

Beddargraff Glanhawr Simne

Wrth bocran lan y simne
Daeth bricen lawr a'i ben e,
A wedyn dau wy Jac y Do
Er co' am y peth nath e.

Beddargraff Hipi

Heb 'joint' na thawch cyffurie,
I ddirgel drip aeth ynte
Ar ddyrys daith i'r wigwam fry
Yn fwgyn du lan simne.

Y Grêt Ep

Orang-wtang fenywaidd
Sy'n sefyll o fy mla'n,
Yn grasboeth ei thymheredd
A'i llygaid coch ar dân.

Esbonio wnaf i'r ddynes,
'Dear madam, I am lost.
Dwi'n moen dim *monkey business*
Mae gennyf fi ben tost . . . '

Meddyg

Hip-hip-hwrê i'r meddyg
A'i ateb i pob diffyg:
Dosbarthu ffisig yn un pen
Ac enema'r pen chwythig.

Nyrs

Drwy'r plwy bu gynt yn reido
Ar feic gan brysur bedlo,
Ond clytsh a brêc a throtl nawr
Mewn clampyn mawr o *Volvo*.

Deintydd

'Sdim mwyach eisiau iti
I brynu ticed lotri
Cans hitio'r jacpot rwyt pob awr
Â'r ffi rwyt nawr yn codi.

Cynghorion

'Nôl aml gwrs yn sydyn,
A bron raid gwisgo cewyn,
A'r toiled weithiau yn rhy bell,
'Sdim byd yn well na chorcyn.

Mae *Rentokil* yn handi
At goes bren sy'n pryfedi,
Ond os yw wedi mynd rhy bell
Mae'n well ystyried llosgi.

Os bola tost a nwyon,
Ar fore Sul yn Seion,
Y feddyginiaeth medde nhw
Yw cadw o'r Black Lion.

Os yw eich traed yn smelo
Nes peri i'r wraig ddihuno
Gorweddwch y ffor' arall lan –
'Sdim hosan fod ar pilo.

Os gwynt sydd yn eich poenu
A diffyg sydd i'w wasgu
Awyren basith yn y man –
Nawr bant ag ef dan ganu.

Hiraethu am ieuenctid?
Viagra, dim a gyfyd?
Mae'n bryd nawr gorwe' yn y llan
'Nôl oedran yr addewid.

Os blwmer gwymp yn sydyn
Yn llipa ar y pafin,
Ei stampio raid 'da dwy hei hil
Lawr slotiau cul y gratin.

Englynion

Rhai englynion – gwallus debyca'

Yr Hipi

Da'i lu epil mewn cilfach –saif gwrthrych
Sef gwarth llawn blewynach,
Gŵr ffôl mewn pot yn tolach
'Nôl gwedd ei fuchedd fydd fach.

Sŵn o'r wigwam yn seinio – o' drapo
Y dropowt a'i fanjo
Wel jiw, ma' lliw ar y llo
Nawdd glud ei nedd i glwydo.

Glud

Mae pong Iw-Hw yn hongian – stwff olreit
  Araldeit am dwtian
Ond am gwd job ymhobman
Jiw, siwper-gliw sy'n stwff glân.

Clydwch

Hen lanc yn prynu blanced – i boethi
  Ei bethau'n y pared
Saco ei phlyg mewn soced,
Mae'n glyd mewn byd ffedder bed.

Gwraig

Mae o hyd lawer model – gên a blew
  Rhai yn dew, rhai'n dawel,
Rhai mawr braf a gwd gafel,
Rhai ffyrnig, rhai diddig, del.

Englyn – ar ôl clywed fod rhyw noethlymunwyr wedi cael ei weld ger rhyw siwrej plant yn Poppit.

Pipais ar niwd yn Poppit – O Duw, Duw
  'I do not believe it':
Hen hesben ger y sesbit,
Da o hyd yw gweld dwy dit.

Sigâr

Rolyn gan Walter Rali –gyda llaw
  Cadw draw, mae'n drewi;
Fel smel trâd tramp neu badi
Yw ei sawr yn nawr i ni.

Englyn, dibenwyd gan Emyr Oernant

Y Pit Bwl

Pit bwl, y pet dibelau – dedfrydwyd
  Ei frid gan gyfreithiau
I ddioddef ei ddyddiau
Yn gi heb hawl i frochgau.